CIBERSEGURIDAD EN FAMILIA

Ediciones Palabra
Madrid

© Fernando Mairata, 2025
© Ediciones Palabra, S.A., 2025
    Ronda del Caballero de la Mancha, 59 - 28034 Madrid
    Telf. (34) 91 350 77 20 - (34) 91 350 77 39
    www.palabra.es
    palabra@palabra.es

Diseño de cubierta: Ana Cemborain Pérez
ISBN: 978-84-1368-556-4
Depósito legal: M-169-2026
Printed in Spain - Impreso en España

FERNANDO MAIRATA

CIBERSEGURIDAD EN FAMILIA

PALABRA

ÍNDICE

PRÓLOGO

La cibercriminalidad ha dejado de ser una amenaza lejana para instalarse en el seno de las familias, convirtiéndose en una preocupación creciente debido al aumento de delitos informáticos que afectan directamente a los hogares.

La digitalización y el uso masivo de dispositivos conectados ha expuesto a padres e hijos a riesgos como el robo de identidad, la suplantación en redes sociales, el fraude económico y hasta la explotación de menores mediante prácticas como el *grooming* y la *sextorsión*.

Asimismo, usamos anglicismos que nos resultan completamente cotidianos, como el *phishing* o el *smishing*. Hoy en día recibimos correos electrónicos o mensajes fraudulentos para obtener credenciales, se crean perfiles falsos en redes sociales con fines de engaño emocional o económico, se difunden enlaces maliciosos que instalan *malware* o *ransomware* en dispositivos domésticos o intentan estafarnos con falsas inversiones o regalos que apelan a la confianza de las víctimas.

Para tratar de mitigar los efectos de esta no ya tan nueva criminalidad, es necesario una estrategia integral centrada en la formación y concienciación de todos los miembros del hogar. Resulta fundamental educar en el reconocimiento de mensajes sospechosos, promover el uso responsable de redes sociales y establecer una comunicación abierta que permita a los menores informar sin temor sobre interacciones extrañas.

Dentro de la educación de nuestros hijos no podemos olvidar, hoy en día, que debemos fomentarles la importancia de adoptar buenas prácticas tecnológicas: el uso de contraseñas robustas, la autenticación en dos pasos, la actualización periódica de dispositivos y la instalación de herramientas de seguridad. Paralelamente, la participación en campañas de sensibilización y el acceso a recursos educativos ofrecidos por organismos especializados refuerzan la protección familiar frente a la cibercriminalidad.

En definitiva, la prevención es clave y no puede aferrarse únicamente a soluciones técnicas, sino de una cultura digital consciente y colaborativa que garantice un entorno seguro para todos los integrantes del hogar.

El mundo digital ofrece innumerables oportunidades, pero también plantea riesgos que afectan directamente a la vida familiar, desde los abuelos hasta los nietos. La ciberseguridad se ha convertido en un pilar fundamental para garantizar nuestra protección, privacidad y convivencia a través de una conexión que cada vez es más digital. Este libro, *Ciberseguridad en familia*, nace con el propósito de acercar a los hogares conocimientos prácticos y recomendaciones claras para afrontar los retos del presente y del futuro.

Su autor, Fernando Mairata, es mucho más que un experto en la materia; es un pionero que ha dedicado más de dos décadas a comprender, proteger y divulgar los principios que sostienen el mundo digital. Su trayectoria combina la experiencia técnica con una profunda vocación pedagógica, formando a profesionales, instituciones y cuerpos de seguridad en la lucha contra el cibercrimen. Como presidente de la Asociación Profesional de Peritos de Nuevas Tecnologías —PETEC—, ha impulsado proyectos que integran innovación, ética y resiliencia tecnológica, siempre con la convicción de que la seguridad no es un lujo, sino una responsabilidad compartida. Artífice de obras divulgativas y conferenciante habitual en los principales foros del sector, Mairata representa la figura del especialista que no solo domina la técnica, sino que entiende el impacto humano de cada decisión tecnológica. Este libro nace de esa visión: la de construir un futuro digital más seguro, accesible y consciente.

La iniciativa sobre la que se construye esta manual indispensable refleja un compromiso firme con la sociedad: educar, prevenir y concienciar. La colaboración entre profesionales, instituciones y ciudadanos es esencial para construir un espacio online seguro y este trabajo es un ejemplo de cómo la unión de esfuerzos puede generar un impacto positivo y transformador.

Invito a todas las familias a leer estas páginas con atención, a reflexionar sobre los hábitos digitales y a aplicar las medidas que aquí se proponen. La seguridad en el mundo virtual no es solo una cuestión técnica, sino también cultural y educativa. Cada acción cuenta y cada hogar puede convertirse en un bastión frente a las amenazas del ciberespacio.

Mi reconocimiento al autor por esta iniciativa y por su generosidad al destinar los beneficios a la Asociación Pro Huérfanos de la Guardia Civil, un gesto que refuerza, todavía más, el espíritu de solidaridad y servicio que demuestra con esta obra.

Francisco Almansa Aguilar
General de Brigada de la Guardia Civil
Jefatura de Transformación Digital y Ciberseguridad

INTRODUCCIÓN

Para saber cómo hemos llegado hasta el día de hoy, lo mejor es repasar un poco de historia, porque, aunque no concebimos nuestras vidas sin la tecnología, sin los dispositivos móviles, sin internet, sin redes sociales, ... echando la vista atrás nos damos cuenta de que no hace tanto tiempo que forman parte de nuestras vidas, que dentro de las familias encontramos miembros que han nacido rodeados de estos sistemas de comunicación y otros que los hemos ido incluyendo en nuestras vidas.

En 1997 nace Google, en 2002, LinkedIn, y aparece la versión Alfa de la red Tor. En 2004 surge Facebook, al año siguiente, YouTube, y en 2006 emerge la red Twitter, hoy en día llamada X. Para el 2007 acontece el primer Smartphone, un iPhone que estaba aún muy lejos de lo que son los dispositivos actuales; mientras que, en 2009, llega WhatsApp, justo cuando surge el término de *Darkweb*. Durante el año 2010 asistimos al nacimiento de Instagram y, finalmente, en 2020 se produce la pandemia de la COVID-19.

Esta pandemia la podemos enmarcar dentro de la historia de la tecnología, ya que fue un momento crucial en el desarrollo de la transformación digital de los hogares. Fue por culpa de la COVID-19 que nos viésemos obligados a encerrarnos en casa y acelerar esa transformación digital que, hasta ese momento, se estaba produciendo de una manera paulatina. La podríamos determinar como fase crítica, ya que en todos los hogares se multiplicaron el número de dispositivos y la sociedad pasó a un modelo hiperconectado. Las prisas por estar comunicados nos llevaron a no establecer correctamente los modelos de seguridad necesarios.

Si echamos un vistazo a la actividad que se desarrolla en Internet en un minuto a lo largo de los últimos años, vemos ese crecimiento exponencial de nuestra interacción con las nuevas tecnologías, con las redes sociales y con los sistemas de comunicación. Pongamos como ejemplo WhatsApp, en 2020 se enviaban en torno a 40 millones de mensajes por minuto, en 2025, ese número sube hasta casi 100 millones de mensajes.

Sin embargo y, a pesar de la juventud de estos avances tecnológicos, el ser humano lleva en su ADN la filosofía del *hacker:* hemos nacido programados para *hackear* y esto ha sido así desde el principio de los tiempos cuando no existía la tecnología.

Repasemos esta teoría a través de las fases de un *hacking,* a través de la vivencia de un bebé recién nacido, sí, un bebé que no sabe usar la tecnología:

Reconocimiento: un bebé al nacer, al igual que un *hacker* cuando entra en un sistema de información, reconoce su entorno y aprende todo lo que le rodea, sus padres, sus hermanos, la familia, el hospital, su casa… Se mimetiza con su entorno e interactúa con él descubriendo todos los elementos que van a formar parte de su vida.

Escaneo: desde que el bebé llega al mundo, tiene una misión: «sobrevivir» y para ello tiene que interactuar con su entorno, con las limitaciones del lenguaje y de la movilidad. Es el momento de poner a prueba quién le hace caso y quién está disponible a sus demandas. Un *hacker* haría un escaneo de puertos para ver qué sistemas tienen algún punto vulnerable por el que atacar; el bebé, simplemente llora y ve quién le presta atención y puede ser vulnerable. Hasta aquí, el bebé tiene solo 48 horas de vida y ya está *hackeando*.

Obtener acceso: como el bebé sabe que, cada vez que llora, su hermanito va corriendo a ver qué le pasa, ha descubierto el sistema vulnerable dentro de su casa. Siguiente paso, obtener acceso al sistema, es decir, conseguir que su hermanito le coja en brazos. Nuestro pequeño *hacker* ya ha identificado su entorno, ha descubierto el punto débil del sistema, sabe cómo obtener ese acceso y lo prueba constantemente. Si llora, su hermanito va corriendo a cogerle.

Mantener el acceso: una vez que el bebé tiene controlado cómo acceder al sistema vulnerable, su hermanito, el siguiente paso es mantener ese acceso. Los que hemos tenido un bebé en brazos sabemos que, a poco que nos haga una carantoña, podemos mantenerle acunado indefinidamente. Así es como actúa nuestro pequeño *hacker*, cuando su hermanito le coge en brazos, inmediatamente deja de llorar y empieza a sonreír, sabe que, cuanto más cariñoso y entrañable sea, más tiempo le tendrá en brazos, manteniendo así el acceso.

Borrado de huellas: esta es la parte más fácil para nuestro bebé *hacker*, ¿alguien conoce algún bebé que tenga la culpa de algo? La culpa siempre será de un hermano, del perro, de cualquiera, básicamente menos del bebé.

Hoy en día, nuestros jóvenes entran en contacto con las nuevas tecnologías prematuramente. Es normal ver a niños pequeños en la sillita con un móvil en la mano viendo dibujos para estar entretenidos, o en los restaurantes, observando la pantalla y sin participar de la comida. En los centros educativos se utilizan tablets, *chromebooks* y pantallas digitales. Desde los 3 años que empiezan el colegio están empleando todos estos sistemas, aunque parte de ellos ya los llevan aprendidos de casa.

Pero ¿en qué momento se les habla de «ciberseguridad»? ¿Cuándo se les plantea que esos sistemas tienen que ser seguros? ¿Cómo se les habla de privacidad en las redes sociales? ¿Y de privacidad en el *cibermundo*? Desgraciadamente, muy tarde. Por lo general, primero les enseñamos a utilizar las nuevas tecnologías y, muchísimo después, obtienen la información de lo que es la ciberseguridad.

¿Y cómo reciben esta información? A través de distintas vías. Pueden aprenderla a través de charlas del plan director de Policía Nacional y Guardia Civil. También, charlas de cibercooperantes de INCIBE. Otras opciones son, igualmente, charlas de padres, de profesionales de asociaciones o de los profesores del centro educativo. Pero, para cuando empiezan a recibir esta información, ya llevan mucho tiempo utilizando las tecnologías de una manera no segura.

Por lo que podríamos afirmar que el ser humano está programado para *hackear*, pero no para ser ciberseguro. No, no hablo del *hacker* de las películas, ni del *cibercriminal* que aparece en las noticias. Hablo del «curioso por naturaleza», del que desmonta un juguete para ver cómo funciona, del que no se conforma con aceptar lo que ve y siempre pregunta: «¿qué pasaría si...?». *Hackear* no es robar ni destruir; *hackear* es comprender, anticipar y mejorar. Y, si hemos visto que estamos programados para *hackear*, ahora añadimos las nuevas tecnologías a la ecuación y ya tendríamos la tormenta perfecta.

A lo largo de este libro, te invito a recorrer un viaje fascinante: desde los primeros días de un bebé que llora y descubre cómo conseguir lo que quiere, hasta las técnicas de ciberseguridad más avanzadas que protegen a las familias en la actualidad. Verás cómo la curiosidad y la ética pueden ir de la mano, cómo la tecnología y la creatividad se entrelazan y cómo, detrás de cada sistema, siempre hay una mente humana capaz de *hackearlo*, para bien o para mal.

Aquí no necesitarás conocimientos previos. Solo tu curiosidad y tu disposición a mirar el mundo con ojos distintos para afrontar la ciberseguridad en familia. Cada capítulo es una invitación a «descubrir, cuestionar y aprender», a ver patrones donde otros ven caos, a identificar peligros y saber cómo protegerse, a entender que *hackear* es mucho más que código y máquina: es una manera de pensar, de resolver problemas y de ser responsables de lo que nos rodea.

Prepárate para descubrir que todos llevamos un *hacker* dentro y que la mejor forma de implementar la ciberseguridad en tu vida es a través de la familia. Desde el primer llanto en la cuna, hasta el último desafío digital, *hackear* es aprender a comprender el mundo, a protegerlo y a encontrar oportunidades donde otros solo ven obstáculos. Bienvenido a un viaje donde la curiosidad es tu brújula; la ética, tu guía; la familia, tu aliada y la tecnología, tu medio.

Porque, al final, *hackear* en familia no es un acto, es una forma de vida segura. La familia que *hackea* unida…

CAPÍTULO 1:
INTRODUCCIÓN A LA CIBERSEGURIDAD FAMILIAR

CUIDANDO A LOS NUESTROS TAMBIÉN EN EL MUNDO DIGITAL

¿Recuerdas la primera vez que tu hijo o hija tocó una pantalla? Tal vez fue viendo dibujos animados en el móvil o intentando pasar una página en una tablet como si de un libro se tratase. La tecnología ha llegado a nuestras casas para quedarse y, por culpa de la pandemia de la Covid-19, se aceleró su expansión en nuestras vidas, convirtiéndose en parte indispensable de nuestro día a día y transformándolas en el «teletodo»: telestudio, teletrabajo, videollamadas con familiares, juegos online, redes sociales, compras por aplicaciones, pagos con el teléfono o el reloj…

Pero, así como cerramos la puerta con llave cuando salimos de casa, también necesitamos aprender a cerrar la «puerta digital» que protege nuestra vida y nuestra privacidad. Eso es, en pocas palabras, lo que llamamos «ciberseguridad familiar»: el conjunto de hábitos, herramientas y decisiones que tomamos para cuidar a nuestra familia mientras usa las nuevas tecnologías de información, el cibermundo y las derivadas de este uso.

Y no, no necesitas ser experto en tecnología para ser un experto en ciberseguridad. Solo necesitas algo que ya tienes: el deseo de proteger a los tuyos y conservar tu hogar seguro.

¿QUÉ ES LA CIBERSEGURIDAD?

La palabra «ciberseguridad» puede sonar complicada, incluso intimidante. Pero, si la analizamos más a fondo, cambiará nuestra visión de que es una cosa de frikis y empezaremos a entender que la ciberseguridad es algo que nos concierne a todos y que debemos implementar desde la familia.

Pensemos en todo lo que hacemos en nuestro día a día con las tecnologías de comunicación:

- Usamos WhatsApp para hablar con amigos y familiares.
- Compartimos nuestras vidas en redes sociales.
- Hacemos videollamadas tanto profesionales como personales.
- Vemos películas y series a demanda en línea.
- Compramos por internet.
- Jugamos en línea con otros jugadores que están lejos de nosotros.
- Aprendemos en clases virtuales.
- Guardamos fotos, documentos, accesos al banco, correos y contraseñas en el móvil.

Toda esa información —fotos, datos personales, ubicaciones, gustos, incluso el historial de navegación— está en internet. Y, si no la protegemos bien, puede caer en malas manos y ser usada en nuestra contra. La ciberseguridad es el conjunto de precauciones que tomamos para evitar que eso ocurra, precauciones que deben tener claras y accesibles todos los miembros de la familia.

Así como enseñamos a nuestros hijos a no cruzar la calle sin mirar, también debemos enseñarles a no compartir información personal con desconocidos en internet. Así como les enseñamos a cuidar su higiene física, también debemos enseñarles higiene digital: contraseñas robustas que no se comparten y se cambian periódicamente, el uso de antivirus, la realización de copias de seguridad de los dispositivos, la precaución con las cosas «gratuitas», el control de tiempos de conexión, la forma de relacionarse con otros a través de las pantallas…

RIESGOS COMUNES EN EL ENTORNO DIGITAL

Lo que debemos conocer —sin que cunda el pánico, tenemos la mejor defensa: la familia

A veces, cuando se habla de Internet, todo suena a peligro y eso puede hacernos sentir miedo. Pero la clave no es asustarnos, sino informarnos y formarnos. Solo así podremos tomar decisiones meditadas, útiles y seguras. Si conocemos los riesgos, seremos capaces de poner soluciones.

Pensemos en un coche, sabemos que conducir implica posibles accidentes, pero para eso se implementan sistemas de seguridad, como los airbags, los cinturones de seguridad o la señalización vial. Y, como en la carretera, en el cibermundo, la Guardia Civil está para ayudarnos y protegernos.

Vamos a repasar algunos de los riesgos más comunes a los que se enfrentan las familias hoy:

1. Ciberacoso (o bullying digital)

Se produce cuando alguien molesta, amenaza o humilla a otra persona a través de mensajes, fotos, videos o publicaciones. Puede ocurrir en redes sociales, en videojuegos o incluso en grupos de mensajería tipo WhatsApp. Lo peor es que, muchas veces, las víctimas se sienten solas, se aíslan o tienen miedo de contarlo.

> **Ejemplo:** a Elena, de 11 años, sus compañeros empezaron a dejarla fuera del grupo de WhatsApp de la clase y a hacer memes con su foto —con 11 años, sí, aunque parezca increíble, cada vez los niños tienen móviles antes y sin control—. No lo dijo en casa hasta que ya no quiso ir al colegio por lo insoportable de la situación.

> **Reflexión:** ¿se podría haber evitado? ¿Era un problema posible de detectar para cortarlo antes de que fuese tarde? ¿Se puede parar la bola de nieve cuando se está creando en lo alto de la montaña, antes de que vaya creciendo y se haga más grande?

2. Engaños y suplantación de identidad

Alguien puede hacerse pasar por otra persona en Internet y es que, al final, no sabemos quién está realmente detrás de la pantalla. A veces se hacen pasar por un amigo, un familiar o incluso por un niño para ganar la confianza de los más pequeños, y una vez se ha ganado…

> **Ejemplo:** a Pedro, de 9 años, le habló alguien a través de un videojuego en línea fingiendo ser un niño de su edad. Entablaron amistad y se ganó su confianza,

le contó sus problemas para hacerse más cercano y, cuando tuvo suficiente información y pudo «controlar a Pedrito», le pidió que le enviara fotos y hasta intentó quedar en la calle con él para conocerse. Parece de ciencia ficción, pero esto ocurre más de lo que pensamos.

Reflexión: ¿qué hace Pedrito con 9 años jugando solo online? ¿Ninguno está presente con él para enseñarle y protegerle?

3. Contenido inapropiado

En Internet hay literalmente de todo. Y, aunque pongamos filtros, a veces los niños acceden sin querer a contenido violento, sexual o, simplemente, no apto para su edad.

Ejemplo: Nerea, de 7 años, buscaba videos de su serie de dibujos favorita, pero acabó viendo un contenido con violencia disfrazado de dibujos animados. Pensemos que, además, los contenidos no apropiados no son únicamente cosa de menores, en cada edad los contenidos inapropiados pueden ser muy diversos. Existen muchos sistemas para controlar los contenidos por edades, pero no son infalibles.

Reflexión: ¿tenemos realmente claro qué tipo de contenidos son inapropiados para cada edad? ¿Somos realmente críticos con lo que vemos a través de las pantallas? ¿Enseñamos a nuestros hijos a ser críticos con la información antes de dejarles solos con los dispositivos?

4. Estafas digitales

Adultos y niños podemos caer en engaños que parecen reales: mensajes falsos del banco, sorteos «milagrosos», paquetes de correos que no has pedido, premios de sorteos en los que no has participado, mails que piden datos personales... Todo con el objetivo de robar dinero o información.

Ejemplo: a Julio le llegó un mensaje que decía que había ganado un teléfono de última generación. Solo tenía que «confirmar sus datos» y pagar los gastos de envío. Días después, alguien usó su tarjeta para hacer compras online.

Pero, en ocasiones, los ciberdelincuentes no usan los premios como cebo, usan el miedo. Buscan, a través del miedo, forzarte a tener prisa para reaccionar y así no pensar en lo que estás haciendo para poder estafarte con facilidad.

Otro ejemplo: Teresa, de 72 años, recibió un mensaje que afirmaba que, si no actualizaba sus datos del banco, se procedería a bloquearle la cuenta en una hora. Le facilitaban uno para ese proceso y, al realizarlo, como consecuencia a Teresa le vaciaron la cuenta obteniendo sus datos a través de ese enlace fraudulento.

Reflexión: ¿realmente el banco te va a mandar un mensaje de este tipo amenazando con bloquear la cuenta? Esta clase de estafa también se realiza mediante llamada telefónica suplantando al banco. Si es verdad que tienes que actualizar información en el banco, ¿no será mejor ir a la oficina más cercana? ¿Teresa no tenía nadie de su familia a quien acudir? ¿Conocemos cómo proceder para que nos ayuden antes de caer en una estafa?

5. Uso excesivo de pantallas

No todo riesgo es un ciberataque, en ocasiones el peligro está en el tiempo. El abuso de pantallas puede afectar al sueño, al ánimo, a la concentración y hasta a la convivencia familiar.

Ejemplo: en casa de los López, las cenas en familia se volvieron cosa del pasado. Cada uno cenaba con su móvil en la mano y casi no se hablaban. Por las noches, todos se llevaban el dispositivo a la cama, algunos miembros de la familia se pasaban horas conectados sin dormir, sin descansar suficiente, poco a poco estaban más irascibles y comenzaron los roces por haber perdido el diálogo familiar.

Reflexión: ¿somos conscientes del tiempo que dedicamos a estar conectados? ¿Sabemos realmente cuánto tiempo de calidad dedicamos a nuestras familias y a nuestros amigos?

CIBERSEGURIDAD: UNA RESPONSABILIDAD COMPARTIDA

No se trata de controlar, sino de acompañar

Una familia segura en Internet no es la que prohíbe todo, sino la que aprende junta. No se pueden poner puertas al campo, pero sí conocer los peligros para saber abordarlos. La única forma de afrontar los riesgos es conociéndolos.

La ciberseguridad no es ni «cosa de mayores» ni «problema de los jóvenes». La ciberseguridad es cosa de todos, tenemos un papel importante cada uno. Pero lo más importante es que la ciberseguridad empieza por ti.

¿Qué podemos hacer los padres?
- Mostrar interés por lo que hacen nuestros hijos tanto en el mundo real como en el cibermundo…
- Hablar abiertamente sobre lo bueno y lo malo, los riesgos y los beneficios, no crear tabús que puedan crear más curiosidad por falta de información.
- Acompañar a los más pequeños cuando exploran y aprender con ellos.
- Enseñar con el ejemplo: si quieres que tus hijos no estén pegados al móvil, no compartan sus vidas en redes sociales, no vivan sus vidas a través de las pantallas, empieza por ti. Nuestros hijos nos imitan cuando son pequeños, esos hábitos son los que les marcarán en sus vidas. No puedes pedir a tus hijos que no crucen la calle en rojo si te ven todos los días hacerlo. Sé ejemplo, vive acorde a lo que predicas.

¿Qué pueden hacer nuestros hijos?

- Avisar si algo en internet les hace sentir incómodos o confundidos.
- No compartir fotos o datos personales con desconocidos.
- Entender que no todo lo que ven en redes sociales es verdad.
- Aprender a decir «no» también en el mundo digital.
- Tener claro que no se sabe quién está detrás de la pantalla.
- Saber cuidar su identidad digital.
- Tener confianza con nosotros para que les ayudemos, pase lo que pase.
- Enseñar y ayudar a los abuelos con el uso de las tecnologías, y hacerles saber quién está disponible si lo necesitan para que no caigan en problemas y sean víctimas de estafas.
- ¿Qué pueden hacer los más mayores?
- Contar con sus hijos y sus nietos para que les enseñen y les ayuden con las nuevas tecnologías.
- No tener miedo, ni vergüenza, si son víctimas de un fraude o creen poder serlo.
- Pedir ayuda antes de caer en una estafa. La familia está para ayudar.

¿Qué podemos hacer todos en casa?

- Poner reglas claras sobre el uso de pantallas y el cibermundo.

- Establecer momentos sin tecnología: comidas, juegos de mesa, caminatas, etc.
- Crear un ambiente de confianza donde se pueda hablar sin miedo.
- Actualizar contraseñas y dispositivos regularmente.
- Hablar de ciberseguridad con naturalidad y de forma cotidiana.
- Usar los juegos para hablar de ciberseguridad. Si no se os ocurre cómo hacerlo, INCIBE a través de su página www.is4k.es te ofrece juegos y recursos para trabajar la ciberseguridad en la familia.

UN CAMINO QUE RECORREMOS JUNTOS

Cuidar a nuestra familia en internet no es algo que se logra en un día. Es un proceso, requiere información, tiempo, paciencia… y muchas conversaciones.

Lo bueno es que no estás solo en esto. Este libro se ha pensado para acompañarte paso a paso, con explicaciones claras, ejemplos reales y consejos prácticos que puedes aplicar desde hoy, sin necesidad de ser experto en ciberseguridad. Porque al final, de eso se trata: de cuidar a quienes más queremos, también en ese mundo invisible que es el digital, pero que tanto impacta en la vida real.

EN RESUMEN

✓ La ciberseguridad es cuidar nuestra vida digital como cuidamos nuestra casa.

✓ Internet es maravilloso, pero también tiene riesgos que debemos conocer.

✓ Todos en la familia tenemos un rol en la ciberseguridad: del mayor al menor.

✓ Hablar, acompañar y aprender juntos es la clave para estar protegidos.

CAPÍTULO 2

IDENTIDADES DIGITALES Y PRIVACIDAD

ENSEÑAR A CUIDAR LO QUE NOS REPRESENTA EN INTERNET

Vivimos rodeados de pantallas y, aunque a veces no lo notamos, cada vez que usamos internet dejamos un pequeño rastro: una foto, un comentario, una dirección de correo, una búsqueda en el navegador. Todo eso, aunque parezca mínimo, forma parte de lo que se conoce como nuestra identidad digital.

Y aquí va lo importante: nuestra identidad digital también necesita protección. Igual que cuidamos el documento de identidad, las llaves de casa o la tarjeta del banco, necesitamos salvaguardar la forma en que aparecemos, nos expresamos y compartimos información en el mundo digital. Recuerda que aquí es aplicable la famosa frase «todo lo que digas podrá ser utilizado en tu contra».

¿QUÉ ES LA IDENTIDAD DIGITAL?

La identidad digital es la imagen que damos de nosotros mismos en Internet, el conjunto resultante de los datos, publicaciones, fotos, vídeos, gustos y comentarios que, consciente o inconscientemente, vamos dejando en redes sociales, videojuegos, foros, plataformas escolares, aplicaciones y todo tipo de sitios web. Es decir, la información que hay sobre nosotros en la red se nutre de lo que publicamos nosotros mismos, lo que otros publican sobre nosotros, con quién nos relacionamos y por dónde navegamos.

Por ejemplo:

- El perfil de Instagram de tu hija.
- El correo electrónico que usa tu hijo para jugar en línea.
- Las fotos familiares que compartes por redes sociales —te recuerdo que WhatsApp es una red social, aunque la gente no considere esta app como tal.
- Las opiniones que escribes en foros o grupos.
- Las páginas que visitas y los productos que compras.
- Los *likes* que das.
- Las fotos que otros publican etiquetándote.

Todo eso forma parte de una huella digital que muchas veces no vemos, pero que todo el que quiera sí puede ver o usar.

Y no se trata solo de lo que compartimos nosotros. Puede ocurrir que otras personas —amigos, familiares, aplicaciones— suban información o imágenes nuestras sin que lo sepamos. Y, en este sentido, es donde se vuelve tan importante aprender a gestionar nuestra privacidad. Es necesario que pienses en tu privacidad igual que Golum hace con el anillo en *El Señor de los anillos*, tu privacidad es tu TESORO.

Sobre la privacidad, piensa lo siguiente: lo que haces en tu casa es privado, los muros y las cortinas evitan que nadie vea lo que haces, pero Internet es como una casa de cristal transparente, todo lo que haces dentro lo pueden ver otros.

Reflexión: ¿te ducharías en una casa de cristal expuesto a que te vea todo el que pase? Seguramente optarías por poner cortinas para salvaguardar tu privacidad, ahora bien, ¿sabrías cómo hacerlo en Internet?

DATOS PERSONALES: QUÉ PROTEGER Y CÓMO HACERLO

En Internet, nuestros datos personales valen como el oro. ¿Por qué? Porque muchas empresas los usan para vendernos cosas de una manera más efectiva empleando la publicidad orientada a nuestros gustos gracias a esos datos que regalamos… y algunos delincuentes los usan para estafarnos.

La información es poder, nosotros debemos decidir a quién damos esa información y cómo se gestiona. Debemos hablar en familia sobre nuestra privacidad y nuestros datos para descubrir juntos cómo protegerlos, siendo conscientes de que todos somos responsables de los datos de la familia y lo de cada miembro de la misma. Sobre datos personales puedes encontrar toda la información necesaria en la página web de la Agencia Española de Protección de Datos (https://www.aepd.es).

¿QUÉ SON LOS DATOS PERSONALES?

Agrupan toda esa información que te identifica o que puede ayudar a identificarte:

- Nombre y apellidos.
- DNI, número de la Seguridad Social.
- Dirección de casa, del trabajo o del colegio.
- Fecha de nacimiento.
- Número de teléfono.
- Fotos tuyas o de tu familia.
- Correo electrónico.
- Nombres de usuario y contraseñas.
- Ubicación en tiempo real.
- Información sobre tu salud, gustos o creencias.

¿CÓMO PROTEGERLOS?

La mejor forma de proteger nuestros datos es hacerlo en familia, ayudándonos entre todos, y, para ello, hay que poder hablar libremente sobre cualquier situación posible, sin miedos, sabiendo que juntos podemos enfrentarnos a cualquier problema que surja. Aquí van algunas reglas básicas que puedes establecer en casa:

1. Piensa antes de compartir (o, mejor dicho, piensa antes de actuar)

Antes de publicar algo, piensa, tómate tu tiempo, no tengas prisa por compartir y pregúntate: «¿quiero que esto lo vea cualquier persona? ¿Aporta algo o solo es por impulso? ¿Puede perjudicar a alguien? ¿Hay menores en la foto, o gente que, aparte de mí, de la que estoy dando información?». Seamos conscientes de que nuestras acciones tienen consecuencias para nosotros, para nuestras familias o para personas que podemos conocer o no.

Ejemplo: un futbolista muy famoso, tras un partido, se acercó al vestuario rival a saludar a un antiguo compañero, hicieron un selfi y lo subieron a redes sociales para compartir con el mundo ese momento de reencuentro. El problema fue que de fondo había compañeros cambiándose.

Reflexión: ¿era necesario correr a subir la imagen sin revisarla? ¿Podrían haber tenido más cuidado al hacerse la foto para que no saliese nadie más que ellos? ¿Podrían tomarse un tiempo para difuminar al resto que aparecían en la foto?

Ejemplo: Antonio estaba feliz por irse de vacaciones tras un duro año de trabajo. Al llegar a la playa, no se creía que por fin estaba de vacaciones y, por supuesto, decidió compartir su ilusión en sus redes subiendo fotos en la playa, en el barco en el que dio un paseo, en el restaurante en el que comió.

Reflexión: ¿no podría haber esperado Antonio a publicar su viaje cuando hubiese vuelto a su casa? ¿Somos conscientes de toda la información que damos en una foto? En esta ocasión, Antonio estaba contando a todo el mundo que no estaba en su casa, dando por hecho que, con anterioridad, habrá compartido dónde vive. Con estos actos, Antonio se pone en riesgo por compartir demasiada información.

Ejemplo: Federico fue a un concierto y publicó en sus redes varias fotos del evento, sacando a otros asistentes al mismo.

Estaba feliz de la cantidad de gente que había acudido al concierto y de la calidad de este.

Reflexión: ¿era consciente del daño que podía ocasionar a la gente que expuso en sus redes? ¿Se planteó si alguna de esas personas era un testigo protegido o una víctima de acoso y estaba facilitando su ubicación?

Debemos proteger nuestros datos, nuestra huella digital, pero también la de los que nos rodean. Revisemos las imágenes antes de compartirlas en redes y difuminemos los rostros para que no sean reconocibles. Pensemos, antes de compartir, si merece la pena difundir esa foto, esa información, y, sobre todo, reflexionemos en cómo compartirla de manera que no pongamos en riesgo los datos y la imagen de nadie.

2. Usa contraseñas seguras

Una buena contraseña es como una buena cerradura. Debería ser:

- Fácil de recordar para el que la usa.
- Difícil de adivinar.
- Que no contenga datos personales en la misma, por ejemplo: «Antonio_1980».
- No compartida.
- Única para cada cuenta.
- Cambiada regularmente.
- Larga.
- Que alterne mayúsculas, minúsculas, números y caracteres especiales —cuando el sistema lo permita.

Puedes enseñar a tus hijos a crear contraseñas usando frases que solo ellos entiendan, con números, símbolos y letras mayúsculas.

Ejemplo: «Sup3rc4l1fr4g1l1st1c0_3sp14l1d0s0», ¿quién no se acuerda de Mary Poppys y aquel *Supercalifragilisticoexpialidoso*?

3. No compartas datos personales en chats públicos o con desconocidos

Este punto va indicado, principalmente, a los juegos en línea o redes sociales, donde, a veces, otros usuarios te preguntan: «¿dónde vives? ¿A qué cole vas? ¿Me mandas una foto tuya?».

Ese tipo de preguntas son alertas rojas. Los más jóvenes han de tener claro que no tienen obligación de responder, es más, necesitan saber que no deben dar datos reales y que siempre deben contar a los padres la situación. Esto último es crucial pase lo que pase, especialmente si se han dado datos reales.

4. Revisa los permisos de las apps

A menudo instalamos juegos o aplicaciones sin fijarnos en qué permisos nos piden. ¿Por qué un simple juego querría acceso al micrófono, cámara o ubicación? Resulta bueno que nos acostumbremos a revisar esos permisos y desactivar los que no sean necesarios.

¿Realmente crees que hay apps o servicios gratuitos? Prueba a leerte las condiciones del servicio y verás que el producto, en gran mayoría, lo pagas en cierta manera tú con tus datos. Piensa que, si no sabes cuál es el producto, normalmente serás tú y estarán ganando con la venta de tus datos para finalidades de publicidad y marketing, por ejemplo.

CÓMO ENSEÑAR PRIVACIDAD A NIÑOS Y ADOLESCENTES

(Sin sonar como un policía ni que sea un sermón)

Hablar de privacidad no tiene que ser una clase aburrida ni una lista de prohibiciones. Lo podemos plantear como una charla honesta, adaptada a la edad y con ejemplos que ellos entiendan.

Planteemos algunas ideas para abordarlo, aunque las edades no hay que tomarlas al pie de la letra, ya que depende de cada niño y su madurez:

Para los más pequeños —de 5 a 9 años—

- Usa ejemplos simples: «¿le darías tu dirección a un extraño en la calle? Entonces tampoco lo hagas en Internet».

- Acompáñalos cuando usen Internet. Navega con ellos, comentad y aprended juntos. Eso hará que estén más seguros y que ganen confianza contigo en caso de problemas. Deben saber desde pequeños que los padres estamos a su lado y ayudamos, no espiamos.

- Enséñales que las fotos y los videos no se comparten, aunque en realidad con esta edad no deberían compartir nada con nadie online.

- Usa los cuentos, los dibujos, las canciones, para hablar de seguridad digital. Esta actividad está recomendada para toda la familia y todas las edades.

Escoged un día de la semana y dedicadlo a ver una película en familia (las de Disney son perfectas para este fin) y, a modo de juego, sacad las enseñanzas de ciberseguridad que presentan, por ejemplo: cuando la bruja se disfraza de abuelita adorable y, sabiendo que Blancanieves está hambrienta porque los enanitos se retrasan en el trabajo y es hora de comer, ofrece a la princesa una apetitosa manzana que, al morderla, queda dormida hasta la llegada del príncipe azul que la despierte con un beso. En el mundo real podría ser un correo, un SMS, un mensaje de WhatsApp, que nos ofrece una manzana muy apetitosa: «has ganado un teléfono de última generación», con un enlace para meter tus datos de envío. Al pinchar el enlace se encripta toda la información y te piden un rescate para desencriptarla, aquí no vale un beso del príncipe azul, aquí solo vale haber sido precavido y tener copias de seguridad para recuperar toda la información o el ciberdelincuente te pedirá un rescate, normalmente, en criptodivisas para intentar enmascarar su identidad.

Para preadolescentes y adolescentes —de 10 a 17 años—
Establece un marco de confianza, hablad de ciberseguridad preocupándote por sus hábitos, pero sin interrogarles.

Compartid noticias reales de casos de robo de identidad o ciberacoso para que vean que no es exageración.

Conversad sobre las consecuencias de publicar algo sin pensar: cómo puede afectarlos hoy o en el futuro —por ejemplo, al buscar trabajo o becas.

Plantearos el reto de buscar meteduras de pata en redes sociales y su repercusión, seguro que encontráis muchas noticias que hablen de estos casos y os ayudará a entablar el diálogo que mencionábamos antes.

Explícales que en Internet todo lo que se sube, ahí se queda. Investigad cómo funciona técnicamente Internet para dar la mejor experiencia a cada usuario, independientemente de dónde esté, a través de muchos servidores ubicados por todo el mundo replicando la información. Investigad qué ocurre cuando borras una información y resulta que no se elimina de verdad. Haced estas investigaciones y aprenderéis juntos.

Y lo más importante: fomentad la confianza. Que sepan que pueden contarte si algo les incomoda o si les ha ocurrido algo, sin miedo a que ningún miembro de la familia se ría, sin temor a ser castigados.

PRIVACIDAD EN REDES SOCIALES Y JUEGOS EN LÍNEA

Porque ahí es donde pasan (casi) todo el tiempo

Las redes sociales y los juegos online son el lugar donde muchos jóvenes «viven» su experiencia social. Allí ríen, comparten, se expresan, se crean su vida ideal… y también es donde se encuentran más expuestos, donde son más vulnerables.

Aquí van algunos consejos prácticos para guiar su uso responsable:

- **Redes sociales (Instagram, TikTok, Facebook, etc.).**
- **Revisad la configuración de privacidad juntos.** Ayúdalos a elegir las opciones adecuadas de quién puede ver lo que publican, quién puede enviarles mensajes o etiquetarlos en fotos.
- **Anímalos a usar perfiles privados.** Aunque quieran «más seguidores», prima tener el control sobre quién los ve y que comprendan que es mejor tener seguidores de calidad que la cantidad en sí.
- **Comentad las fotos que suben.** ¿Son apropiadas? ¿Involucran a otras personas? ¿Podrían ser usadas en su contra?
- **Cuidado con los retos virales o desafíos peligrosos.** En ocasiones, lo que parece divertido puede ser ilegal, arriesgado o incluso mortal.

Para aprender sobre estos temas, podéis consultar las guías de INCIBE o ver juntos *Alerta: la serie*, de Marlon Molina, que nos ayuda, a través de situaciones del día a día, a reflexionar sobre nuestras conductas y sus repercusiones. Pensad que lo que hacemos en el cibermundo tiene su eco en el mundo real.

JUEGOS EN LÍNEA

Juega con ellos o acompáñalos en los juegos. Así vas a entender mejor en qué entornos se mueven y qué tipo de interacciones tienen.

Monitorizad juntos los chats dentro del juego. ¿Con quién hablan? ¿Les han dicho cosas raras o incómodas? ¿Conocen al que está al otro lado de la pantalla? ¿Saben bloquear a los *trolls*?

Cuidado con las compras dentro de los juegos. Muchos juegos ofrecen compras «tentadoras» con un solo clic. Activad controles parentales o contraseñas para evitar sorpresas.

Controlad el tiempo de juego. No solo por el rendimiento escolar, sino también por la salud física y emocional de la familia, porque lo que le ocurre a uno le afecta a la unidad familiar.

Buscad actividades alternativas. Pasear, hacer deporte juntos, visitar museos, cocinar juntos…

LA PRIVACIDAD NO ES DESCONFIANZA, ES PROTECCIÓN

Hablar de privacidad no significa desconfiar de nuestros hijos. Se trata de darles herramientas para protegerse cuando no estamos cerca. Igual que les enseñamos a no hablar con extraños en la calle, también debemos enseñarles a no compartir de más en Internet.

Tengamos siempre presente que no se trata de controlar, sino de acompañar. Cuanto más diálogo, más confianza. Cuanta más confianza, más protección.

EN RESUMEN

✓ La identidad digital es como una mochila: todo lo que compartimos va adentro y nos representa.

✓ Nuestros datos personales tienen valor: hay que cuidarlos como cuidamos las llaves de casa.

✓ Enseñar privacidad es una tarea diaria que empieza por el ejemplo.

✓ Redes sociales y juegos en línea son espacios sociales reales: necesitan atención, diálogo y límites.

✓ La ciberseguridad no es solo tecnología: es educación, diálogo, confianza y acompañamiento.

CAPÍTULO 3:
DISPOSITIVOS SEGUROS EN EL HOGAR

PROTEGIENDO LA PUERTA DE ENTRADA A NUESTRA VIDA DIGITAL

En casa, probablemente tengas más dispositivos conectados que hace unos años. Ya no es solo el ordenador familiar. Hoy también usamos móviles, tablets, televisores inteligentes, consolas de videojuegos, cámaras de seguridad, asistentes virtuales como Alexa o Google Home, la lavadora, la Roomba, la Thermomix e incluso las bombillas que se controlan desde el asistente personal o el móvil.

Todos estos aparatos son muy útiles, claro, pero también son puertas de entrada al mundo digital. Y, si no se protegen, se encuentran abiertas a extraños. La buena noticia es que no necesitas ser técnico en redes ni pasar horas leyendo manuales complicados. Con algunos ajustes simples y hábitos cotidianos, podéis convertir vuestro hogar en un lugar digitalmente más seguro para toda la familia. En esta parte, lo más probable es que los más jóvenes puedan ayudarnos a realizar esas configuraciones.

SEGURIDAD EN ORDENADORES, MÓVILES Y TABLETS

Empecemos por lo que más usamos

Nuestros dispositivos personales son una extensión de nosotros mismos. Guardan fotos, documentos importantes, contraseñas, correos, redes sociales, apps bancarias, de comidas… tienen una gran cantidad de datos sobre nosotros, nuestras familias, nuestros hábitos, nuestros gustos, nuestras relaciones, por eso es clave mantenerlos protegidos.

Aquí van algunas prácticas esenciales que podéis implementar desde hoy:

1. Usad contraseñas o bloqueos de acceso

Parece obvio, pero todavía hay muchas personas que no bloquean su teléfono o su ordenador.

- Activad un PIN, patrón, huella digital o reconocimiento facial.
- En los ordenadores, configurad el bloqueo automático cuando no se usan. Y acostumbraros a bloquear la sesión cuando os levantéis para hacer cualquier cosa, así tendréis interiorizado que, cada vez que vas a dejar el ordenador, debe estar bloqueado. Si lo repetís siempre, al final será rutinario y lo haréis sin pensarlo, al igual que nos ponemos el cinturón de seguridad al entrar en el coche.

2. Mantened los dispositivos actualizados

Las actualizaciones no solo traen mejoras: corrigen fallos de seguridad. A veces pueden parecer molestas, pero ignorarlas es como dejar una ventana abierta.

- Activad las actualizaciones automáticas siempre que sea posible.
- Instalad solo aplicaciones de las tiendas oficiales —Google Play, App Store.

3. Usad un antivirus confiable

Especialmente en ordenadores y dispositivos móviles. El antivirus ayuda a detectar archivos sospechosos, bloquear sitios peligrosos y proteger tu información. No vale solo con tener el antivirus instalado, debe estar activo y actualizado, en caso contrario, es como tener una alarma en tu casa y dejarla desconectada.

Resulta necesario usar un antivirus de pago para que tenga todas las funcionalidades activas. Las licencias no son caras y son multidispositivo. Si piensas que pagar un antivirus es caro, espera a tener un problema por no tenerlo y verás que resulta mucho más caro, además del disgusto que te puedes llevar. Además, ya hay muchos antivirus que llevan control parental incluido y otras funcionalidades muy útiles para mantener a la familia cibersegura.

4. Cuidad lo que descargáis

- Evitad descargar archivos o programas desde enlaces extraños.
- Acompaña a tus hijos al instalar algo nuevo, revisando juntos lo que se quiere instalar y los requisitos que solicita.
- Si tienes un buen antivirus actualizado y operativo, te bloqueará descargas que traigan sorpresas ocultas.

5. Revisad los permisos de las aplicaciones

Muchas apps piden acceso a cosas que no necesitan. Entrad en la configuración del móvil o tablet y revisad qué apps pueden acceder a la cámara, al micrófono, a la ubicación, etc. Tomadlo como rutina y, una vez al mes, juntaros y revisad juntos esos permisos para dejar únicamente los que sean realmente necesarios. Para tener un clima de confianza, comprueba con tus hijos también los permisos de las apps que tienen tus dispositivos, sé ejemplo para ellos.

6. Encriptad la información

- Los dispositivos móviles tienen utilidades para encriptarlos de forma que, si pierdes el dispositivo, complica el acceso a su contenido.

- En los ordenadores personales, ya sean MAC o Windows, también se dispone de herramientas para encriptar los discos con contraseña y evitar el acceso a la información en caso de robo o pérdida.

CONFIGURACIÓN DE REDES WI-FI SEGURAS

Tu Wi-Fi es como la puerta principal: asegúrala bien y pon alarma.

El Wi-Fi de casa es lo que conecta todos los dispositivos. Si alguien logra acceder a tu red, puede espiar lo que hacéis, robar información o incluso usarla para actividades ilegales. Por eso, proteger tu red es esencial.

¿Cómo hacerlo?

1. Cambia la contraseña por defecto
- Muchos routers vienen con una contraseña predeterminada fácil de adivinar.

- Crea una contraseña fuerte —larga, con letras, números y símbolos— y no la compartas con cualquiera.

2. Renombra la red Wi-Fi

- No uses nombres que digan tu apellido, dirección o que revelen información personal.
- Elige un nombre neutro, que no te identifique.
- Ponla en modo oculto para evitar conexiones que no la conozcan.

3. Usa cifrado WPA2 o WPA3

- Esto lo podéis revisar en la configuración del router. Si tu router solo tiene WEP, es momento de pensar en cambiarlo: es un sistema de seguridad obsoleto.

4. Desactiva el acceso remoto al router

- A menos que lo necesites por una razón muy específica, es mejor desactivarlo.

5. Crea una red separada para invitados

- Muchos routers permiten tener dos redes: una para la familia y otra para visitas. Así evitas que dispositivos ajenos accedan a los tuyos.

6. Reinicia el router de vez en cuando

- No es obligatorio, pero hacerlo de manera asidua ayuda a cerrar posibles conexiones sospechosas.

7. Activa los avisos

- La mayoría de los routers permiten configurar avisos por correo, crea una notificación para que, cuando un dispositivo nuevo se conecte a tu red, recibas un mail. Así puedes controlar si es un dispositivo confiable o es alguien que está entrando en tu red. Con esta información te permite bloquear dispositivos desconocidos.

8. Revisa regularmente los dispositivos conectados

Si haces esta revisión de manera asidua, te ayudará a mantener controlados los dispositivos conectados y a cerrar posibles conexiones sospechosas.

CONTROL PARENTAL: HERRAMIENTAS Y BUENAS PRÁCTICAS

Supervisar sin invadir, guiar sin espiar

El control parental no consiste en instalar una app que bloquea sitios y olvidarnos del asunto. Va mucho más allá: implica acompañar, enseñar y establecer acuerdos claros sobre el uso de la tecnología. El mejor control parental es el acompañamiento para evitar problemas, mediante este podrás ayudar a tus hijos a aprender y a conocer cómo comportarse y cómo reaccionar ante problemas.

No existe mejor forma de acompañarlos que a través del diálogo, estableciendo límites y pautas de acción. No siempre vamos a poder estar a su lado, tenemos que hacerles responsables para cuando se encuentren solos, igual que hacemos para prepararlos a ir solos por la calle.

Es importante recordar que tenemos muchas herramientas que nos pueden ayudar; para tener un listado actualizado y confiable no olvides consultar la web de INCIBE.

Herramientas útiles

- En móviles y tablets:
  - **Family Link —Google—** para Android: permite ver qué apps usan nuestros hijos, cuánto tiempo pasan en pantalla y establecer horarios.
  - **Tiempo en pantalla —iPhone—**: permite establecer límites por app, aprobar descargas y ver el uso del dispositivo.
- En ordenadores:
  - Windows y Mac tienen opciones de cuentas limitadas para niños.
  - También podéis instalar software adicionales como Qustodio, Norton Family o Kaspersky Safe Kids —recuerda que puedes encontrar herramientas actualizadas en www.is4k.es de IN-CIBE.
- En consolas y Smart TVs:
  - Tanto PlayStation, Xbox y Nintendo Switch como la mayoría de los Smart TV tienen controles parentales para limitar contenido y tiempo de uso.
- Buenas prácticas para todas las edades:
  - Acordad horarios y límites de pantalla —no como castigo, sino como parte de la rutina.

- Ubicad los dispositivos en zonas comunes o con las pantallas a la vista, sobre todo en los primeros años.
- Mantened un diálogo fluido sobre lo que ven o hacen, en lugar de solo vigilar.
- Evitad el uso de pantallas antes de dormir y por la noche, para mejorar el descanso.
- Los horarios de conexión se pueden establecer también en el router.

SEGURIDAD EN DISPOSITIVOS CONECTADOS

Cada vez hay más objetos en casa que están «conectados» y, aunque parecen inofensivos, también pueden ser vulnerables si no los configuramos bien.

Smart TV
- Revisad qué apps están instaladas y cerrad las sesiones que no uséis.
- No guardes contraseñas de servicios de *streaming* si varias personas usan el televisor.
- Mantened actualizado el software tanto de la tele como de las apps.

Asistentes virtuales (Alexa, Google Home, etc.)
- Desactivad el micrófono cuando no se esté utilizando.
- Revisad el historial de comandos de voz en la app del asistente.
- Configurad perfiles separados si hay niños en casa, para que no accedan a contenidos o funciones no aptas.

Cámaras y dispositivos de vigilancia

- Cambiad siempre las contraseñas por defecto.
- Aseguraos de que el acceso remoto esté cifrado.
- No las dirijas a espacios íntimos —como habitaciones o baños.
- Las cámaras es mejor tenerlas tapadas cuando no se usan.

Otros dispositivos del hogar (bombillas, enchufes, electrodomésticos)

- Usa preferentemente marcas reconocidas que ofrezcan actualizaciones de seguridad.
- Conéctalos a una red Wi-Fi separada de la red principal, si es posible.

LA SEGURIDAD EMPIEZA EN CASA Y LO DIGITAL TAMBIÉN

Así como inculcamos a nuestros hijos la importancia de cerrar la puerta con llave, no hablar con extraños o mirar antes de cruzar la calle, también debemos enseñarles a proteger su mundo digital, ya que con ello lograrán a su vez proteger el nuestro. Para eso, el primer paso es tener un hogar tecnológicamente protegido y ser su ejemplo a seguir.

No hace falta volverse ni paranoico ni experto. Basta con estar atentos, informados y presentes. Permíteme, aun a riesgo de ser pesado, que debes actuar como ejemplo para tus hijos; si predicas una cosa y haces la contraria, el resto de medidas no servirán de nada. La ciberseguridad es cosa de todos y empieza por ti.

Y no olvidemos a nuestros mayores, hay que ayudarles a estar seguros y a no tener miedo a usar las nuevas tecnologías. Enseñar privacidad digital a las personas mayores —como los abuelos— requiere un enfoque claro, práctico y empático. No se trata tanto de explicar leyes o tecnología compleja, sino de mostrar cómo protegerse en situaciones cotidianas:

1. Empieza por lo cotidiano, no por la tecnología

Habla de privacidad como algo que ya conocen: «así como no das tus llaves ni tu DNI a cualquiera, tampoco debes dar tus contraseñas o datos personales por teléfono o internet». Esto crea una analogía familiar y reduce la barrera tecnológica.

2. Enséñales los «básicos» de forma visual

Usa ejemplos concretos o fichas impresas con iconos grandes:

Tema	Qué enseñar	Ejemplo
Contraseñas seguras	Que no usen fechas de nacimiento ni «1234»	Mejor: «M1p3rro2025!»
No compartir datos personales	Nadie del banco, médico o policía pedirá tu contraseña por WhatsApp	Simula un caso de llamada falsa
Configurar privacidad	Mostrar cómo poner perfil de WhatsApp solo visible para contactos	Guíalos paso a paso
Desconfiar de enlaces	Enseñar a mirar si el remitente parece raro o la web tiene faltas	«mibanco-seguro.com» ≠ «mibanco.com»
Actualizar dispositivos	Explicar que las actualizaciones son como vacunas	«Ayudan a cerrar puertas que los ladrones podrían usar»

3. Practica con ellos, no solo se lo cuentes

Haz pequeños talleres en casa, que les ayuden los nietos o en un centro de mayores:

- Enséñales a revisar la privacidad de su WhatsApp y sus RRSS.
- Practicad cómo detectar mensajes falsos —phishing.
- Enséñales a borrar el historial o cerrar sesión.
- Muéstrales cómo se navega en modo incógnito.

4. Refuerza la confianza con cariño

Evita frases como «¡eso es peligroso!»; mejor usa: «si dudas, antes de hacer clic, pregúntame o consulta a alguien de confianza».

La idea es que no sientan miedo, sino tranquilidad y control.

5. Repasa poco a poco, con recordatorios

Puedes crear una hoja con consejos sencillos pegada junto al ordenador o en la nevera, si tienes oportunidad, hazte con un imán del plan mayor de Policía Nacional y Guardia Civil para que tengan los teléfonos a mano:

- No compartas contraseñas.
- No creas todo lo que llega por WhatsApp.
- Actualiza y apaga cuando termines.
- Si algo te parece raro, pregunta.
- Ante duda, estamos para ayudarte.
- No tengas prisas, menos aún cuando te llegue un mensaje para hacer algo.

6. Aprovecha temas que les interesen

Relaciona la privacidad con cosas importantes para ellos:

* «Así nadie puede ver tus fotos familiares sin permiso».
* «Así evitas que te engañen con sorteos falsos».

7. Usa recursos adaptados

Algunas instituciones españolas tienen material excelente para mayores:

* INCIBE: experiencia senior —www.incibe.es.
* Policía Nacional y Guardia Civil: plan mayor.
* Agencia de Protección de Datos —www.tudecideseninternet.es—: guías sencillas con ejemplos visuales.

EN RESUMEN

✓ Todos los dispositivos del hogar deben estar protegidos: no solo el ordenador.

✓ Actualizad los sistemas, usad contraseñas seguras y cuidado con lo que descargáis.

✓ El Wi-Fi del hogar es una puerta clave: protégelo bien. Configúralo de forma segura.

✓ Usad herramientas de control parental como complemento, no como reemplazo del diálogo.

✓ Los dispositivos inteligentes también necesitan cuidados y configuraciones seguras.

CAPÍTULO 4

AMENAZAS DIGITALES COMUNES

CONOCER PARA PROTEGER: LOS PELIGROS MÁS FRECUENTES DEL MUNDO ONLINE

Cuando nuestros hijos salen a la calle, solemos advertirles sobre distintos riesgos: «no hables con desconocidos», «mira antes de cruzar», «avísanos si pasa algo raro».

Y ¿en Internet? Aquí también hay peligros, aunque muchos de ellos no se ven a simple vista. Por eso, este capítulo está dedicado a conocer las amenazas digitales más comunes, aquellas que pueden afectar a niños, adolescentes… y a los adultos también.

Saber cómo funcionan estos engaños es el primer paso para prevenirlos. No se trata de tener miedo, sino de estar atentos. Recordad: nadie puede protegerse de lo que no conoce.

PHISHING, MALWARE Y VIRUS

Trampas disfrazadas de mensajes inofensivos

1. *Phishing*

Se pronuncia *fishing*, como «pescar» en inglés, y, tal y como su traducción implica, es un tipo de engaño que busca «pescar» tus datos personales. El objetivo es que, sin darte cuenta, entregues información, como contraseñas, datos bancarios o números de tarjeta.

¿Cómo ocurre?

Suele llegar en forma de:

- Correo electrónico.
- Mensaje de WhatsApp.
- SMS.
- Notificación en redes sociales.

Estos mensajes parecen legítimos —por ejemplo, del banco, una empresa de envíos o una red social—, pero en realidad son falsos. Suelen decir cosas como:

- «Tu cuenta ha sido bloqueada, haz clic aquí para recuperarla».
- «Has ganado un premio, completa este formulario».
- «Revisa este mensaje urgente sobre tu compra».

Una vez que haces clic, puedes terminar en una página falsa o descargar sin saberlo un malware o un virus, que puede:

- Robar tus contraseñas.
- Tomar el control de tu dispositivo.
- Mostrarte anuncios no deseados.
- Usar tu cuenta para enviar mensajes sin tu permiso.

¿Qué hacer?

- Desconfía de los mensajes alarmantes o que piden datos personales.

- No hagas clic en enlaces sospechosos.
- Revisad la dirección del remitente o la URL del sitio —muchas veces tienen errores sutiles.
- Instalad un buen antivirus.
- Enseña a los jóvenes y a los mayores a consultar siempre antes de abrir un enlace extraño.

2. Suplantación de identidad y fraudes

No todo el mundo en internet es quien dice ser. En internet, cualquiera puede crear un perfil falso. Basta con una foto robada y un nombre inventado. Muchas veces, los estafadores se hacen pasar por:

- Amistades de tus hijos en videojuegos.
- Compañeros del colegio —aunque no lo sean.
- Falsos influencers o celebridades.
- Soporte técnico de una empresa.
- Familiares o conocidos que «necesitan ayuda urgente».

¿Qué buscan?

- Robar información personal.
- Pedir dinero.
- Obtener fotos íntimas.
- Involucrar a los jóvenes en engaños o retos peligrosos.

¿Qué hacer?

- Enséñales a no confiar en desconocidos, aunque parezcan simpáticos o tengan muchos seguidores.

- Si alguien les pide algo raro o personal, que no respondan y te lo cuenten.
- Hablad sobre la importancia de verificar las identidades antes de confiar.
- Nunca enviar dinero o datos a través de mensajes sin confirmar por otro medio.

3. Ciberacoso

Es cuando una persona usa medios digitales para molestar, humillar, excluir o agredir a otra. Puede darse en redes sociales, mensajes privados, grupos de WhatsApp o en juegos en línea.

Incluye cosas como:

- Reírse o burlarse de alguien públicamente.
- Compartir imágenes vergonzosas sin permiso.
- Dejar comentarios ofensivos o insultantes.
- Excluir a alguien intencionalmente de grupos.

¿Qué hacer?

- Habla con tus hijos sobre lo que está bien y lo que no en la vida digital.
- Enséñales a no ser espectadores ni cómplices si ven que alguien es acosado.
- Que sepan que pueden y deben pedir ayuda, sin miedo a ser juzgados.
- En muchos casos, se puede bloquear al agresor, denunciar la cuenta y guardar evidencia.

4. *Grooming*

El *grooming* es uno de los riesgos más serios en internet. Se da cuando un adulto se hace pasar por un menor para ganarse la confianza de un niño o adolescente con el fin de obtener fotos íntimas, tener conversaciones sexuales o concretar un encuentro físico.

Generalmente, el *groomer* se presenta como alguien simpático, que «entiende» a la víctima y la hace sentir especial. Luego, lentamente, empieza a pedir cosas cada vez más comprometedoras, utilizando lo que consigue para presionar a la víctima y conseguir más.

¿Qué hacer?

- Explícales a tus hijos que nunca deben compartir fotos íntimas con nadie, incluso si sienten confianza.

- Si alguien les pide «guardar un secreto» o les dice «no le cuentes a tus papás», eso es una señal de alerta.

- Fomentad una relación de confianza donde se sientan cómodos contándote cualquier situación.

- Si crees que alguien está intentando acosar a tu hijo, denuncia ante Policía Nacional o Guardia Civil.

- No estás solo: hay protocolos y equipos especializados para estos casos. Puedes solicitar ayuda en el 017 de INCIBE para que te ayuden y te orienten.

JUEGOS, RETOS VIRALES Y ESTAFAS PARA MENORES

Lo que parece un juego inocente, a veces no lo es

Para muchos jóvenes, los juegos en línea y las redes sociales son lugares de diversión. Pero en ese mismo entorno pueden encontrarse con contenidos peligrosos, manipulaciones o estafas disfrazadas de entretenimiento.

Retos virales

Algunos retos circulan entre niños y adolescentes como una especie de «moda digital». A veces son inofensivos, pero en otros casos implican riesgos graves:

- Hacerse daño a uno mismo.
- Cumplir desafíos humillantes.
- Grabar a otros sin permiso.
- Participar en juegos peligrosos para ganar seguidores.
- Poner en riesgo a otros.

Estafas digitales para menores

- Ofertas falsas en videojuegos: «¡Gana monedas gratis!», «¡consigue skins exclusivas!». El niño hace clic y termina entregando su cuenta.
- Links que parecen premios: al entrar, pueden robarle la contraseña o descargar un virus.
- Cracs para no pagar los juegos: siempre traen sorpresas, es mejor ser legal y disfrutar con tranquilidad.
- Usuarios que piden dinero o información dentro del juego.

¿Qué hacer?

- Observa los juegos que usan tus hijos. Juega con ellos. Infórmate sobre los contenidos y el funcionamiento.

- Hablad y estableced los límites del humor y la exposición: no todo lo viral es saludable o necesario.

- Ayúdales a pensar antes de actuar: «¿esto es seguro?», «¿es legal?», «¿me haría sentir bien si lo hicieran conmigo?», «¿está bien?».

- Configurad controles parentales en juegos y plataformas, no como sistemas de espionaje, sino como ayuda para que se sientan protegidos.

EL MIEDO PARALIZA. LA INFORMACIÓN PROTEGE

Es normal sentir preocupación por estos temas, pero el objetivo de este capítulo no es alarmar, sino empoderarte como usuario responsable de las nuevas tecnologías. Cuanto más sepas sobre estas amenazas, más herramientas tendrás para prevenirlas y hablar con tus hijos desde un lugar de confianza.

El mejor antivirus, el mejor firewall y el mejor control parental siempre será la educación digital en familia. Buscad juntos información sobre peligros en internet y ved juntos cómo se deberían abordar, teniendo en cuenta que la seguridad al 100% no existe, pero debemos estar preparados para saber cómo actuar cuando tengamos un problema, teniendo siempre presente que la familia nunca debe ser parte del problema, sino de la solución.

EN RESUMEN

✓ El phishing, malware y virus llegan disfrazados de mensajes legítimos: hay que aprender a detectarlos.

✓ La suplantación de identidad y los fraudes apuntan tanto a adultos como a menores: no confíes a ciegas.

✓ El ciberacoso y el *grooming* pueden afectar emocionalmente a los jóvenes: hablad y prestad atención a cambios de comportamiento.

✓ Los juegos y retos virales pueden parecer divertidos, pero son peligrosos: supervisa e infórmate.

✓ La confianza, el diálogo y la información son tus mejores aliados en el mundo digital.

✓ Huid de las prisas, los ciberdelicuentes las usan para que bajes la guardia. En caso de problemas, no corramos a dar solución por miedo, corramos a pedir ayuda al que nos la pueda prestar: familia, 017, Policía Nacional, Guardia Civil.

CAPÍTULO 5:

REDES SOCIALES Y VIDA DIGITAL

ACOMPAÑAR SIN INVADIR, GUIAR SIN CONTROLAR

En la actualidad, las redes sociales son parte del día a día de millones de personas. Para muchos niños y adolescentes son su espacio de socialización, expresión, creatividad… e incluso de pertenencia. Allí juegan, se conectan con amigos, comparten sus gustos, siguen a sus ídolos y también —sin quererlo— se exponen a riesgos.

Como madres, padres o cuidadores, es normal sentir cierta ansiedad frente a este mundo que parece tan veloz y distinto al que conocimos. Pero lo cierto es que la clave no está en prohibir, sino en acompañar y en formar.

Igual que hicieron nuestros padres con nosotros, así debemos acompañar y ayudar a nuestros hijos, sabiendo que no podemos estar siempre a su lado controlando todo, tenemos que darles la información y las herramientas necesarias para que sean autónomos.

Este capítulo te ayudará a conocer cómo funcionan las redes sociales, qué riesgos existen, cómo enseñar el uso responsable y cómo construir una relación de confianza que permita hablar de estos temas con naturalidad.

BUENAS PRÁCTICAS PARA UN USO RESPONSABLE Y SALUDABLE

Porque no todo lo que es «popular» es necesariamente bueno

Las redes sociales no son «buenas o malas» por sí mismas. Lo importante es cómo se usan y ese uso se encuentra muy influido por lo que se ve, lo que se comparte y por las normas que existen —o no— dentro de la familia. Tenemos que reflexionar en casa si nos relacionamos igual en el mundo físico y en el virtual.

Pero para conocer el tablero de juego, lo primero es saber cómo funcionan las RRSS:

Las redes se apoyan en la teoría de los seis grados, que sostiene que cualquier persona del planeta puede estar conectada con otra a través de una cadena de como máximo seis saltos. Por ejemplo:

Tú → tu primo → su jefe → un periodista → un político → el presidente.
5 intermediarios = 6 saltos para conectar.

Apoyándose en esta teoría es como se consiguen establecer relaciones dentro de las RRSS para conseguir mejor experiencia de usuario y mayor número de participantes. Esto nos ayuda a entender más fácilmente cómo se viraliza la información que compartimos.

Es importante recordar que las RRSS son «gratuitas», eso significa que hay que tener cuidado con la información que se comparte porque «el producto eres tú».

¿QUÉ SON LAS RRSS?

Las redes sociales son plataformas digitales que permiten a las personas crear un perfil, conectarse con otros usuarios y compartir información —fotos, vídeos, mensajes, opiniones o enlaces—. Ejemplos: Facebook, Instagram, TikTok, X —Twitter—, LinkedIn, WhatsApp, YouTube…

¿Cómo funcionan por dentro?

1. Creas un perfil
- Das información básica: nombre, foto, edad, correo, etc.
- Esa información se guarda en los servidores de la empresa —por ejemplo, Meta o Google.
- A partir de esto, el sistema sabe quién eres y puede mostrarte contenido personalizado.

2. Te conectas con otras personas
- Puedes seguir, agregar o suscribirte a otros usuarios.
- Estas conexiones crean una red de relaciones: familia, amigos, intereses, famosos que te gustan, gustos en general…

3. Compartes contenido
- Publicas fotos, vídeos, mensajes o historias.
- Otros pueden verlo, comentarlo, darle «me gusta» o compartirlo.
- Todo lo que publicas puede guardarse y circular fuera de tu control, aunque lo borres más tarde, por

lo que hay que tener cuidado con lo que se comparte. Y, por supuesto, al compartir damos más información de lo que creemos, no se debe publicar que estás fuera de casa —de vacaciones, por ejemplo—, publica cuando ya te encuentres en casa.

4. Los algoritmos deciden qué ves

- Las redes no te muestran todo, sino lo que su algoritmo cree que más te interesa.
- Analizan tus gustos, clics, tiempo de lectura, amigos, ubicación...
- Con eso, crean un «mundo personalizado», a veces filtrando información —«burbuja informativa».

5. Publicidad y negocio

- Casi todas las redes son gratuitas, pero ganan dinero con la publicidad personalizada, venden tus datos para que las campañas de publicidad vayan más orientadas y tengan mejor impacto para los anunciantes al dirigir las campañas a gente que saben que cuadra con sus productos.
- Cuanta más información tienen sobre ti, mejor es tu experiencia de usuario y pueden mostrarte anuncios que te atraigan según tus gustos, eliminando publicidad que no tendría impacto en ti.
- En resumen: si el servicio es gratis, el producto eres tú —tus datos y tu atención.

6. Privacidad y seguridad

- Lo que compartes puede ser visto por más gente de la que crees si no ajustas la privacidad. E, incluso si tienes bien configurada la privacidad, alguno de tus contactos que tienen acceso a la información la podrían capturar o compartir y perderías el control de la misma.

- Hay riesgos: suplantaciones, estafas, robo de identidad o uso indebido de fotos personales. Cuanta más información das sobre ti y tu vida, más fácil se lo pones a los ciberdelincuentes para usar esa información en tu contra.

- Por eso conviene controlar qué publicas, cómo lo publicas, quién ve tus publicaciones y no aceptar a desconocidos.

EN RESUMEN

Elemento	Qué hace
Perfil	Tu identidad digital
Amigos/seguidores	Tu red de contactos
Contenido	Lo que compartes
Algoritmo	Decide lo que ves
Datos personales	La «moneda» del sistema
Privacidad	Tu protección

BUENAS PRÁCTICAS EN CASA

1. Establecer momentos sin pantallas

Decidir los momentos del día donde las redes no estén presentes —por ejemplo: al comer, antes de dormir o en reuniones familiares—. Esto ayuda a evitar el uso excesivo y a equilibrar el tiempo online y offline. Lo que habitualmente llamamos «desconectar para conectar» es descansar de la tecnología para estar presente con la familia en el mundo real.

2. Hablar sobre lo que vemos y seguimos (debemos ser ejemplo)

Preguntas con interés familiar:

- ¿Qué tipo de cuentas seguimos?
- ¿Quiénes son nuestros creadores de contenido favoritos?
- ¿Qué es lo que más nos gusta compartir?

No se trata de interrogar, sino de mostrar que te importa lo que tus hijos hacen compartiendo con ellos lo que tú haces. Tampoco fisgar es compartir, si no tienes miedo de compartir lo que haces en RRSS, ellos tampoco lo tendrán de compartirlo contigo.

3. Promover el pensamiento crítico

Ayúdalos a cuestionar lo que ven:

- ¿Esto es real o editado?
- ¿Quién lo publicó y por qué?
- ¿Cómo me hace sentir?
- ¿Está bien reírse de esto?

- ¿El que lo publica es realmente quien dice ser?
- ¿Sabemos cómo comprobar los mensajes?

Las redes están llenas de filtros, exageraciones y noticias falsas. Saber identificar todo ello es una habilidad esencial para la familia.

4. Cuidar cómo tratamos a otros (y cómo nos dejamos tratar)

Internet no es tierra de nadie: la importancia de la empatía digital

Aunque a veces se use desde el «supuesto anonimato», Internet no es un lugar sin normas ni límites. Detrás de cada pantalla hay una persona de carne y hueso. Por eso es fundamental inculcarles desde pequeños que, lo que hacemos online, tiene consecuencias en el mundo real.

Educar en empatía digital significa recordar y formar en valores, hay que enseñar a pensar antes de actuar:

- **No se deben compartir imágenes o vídeos de otras personas sin su permiso.** Puede parecer algo inofensivo, pero una foto divertida, un meme o una captura de pantalla puede humillar, avergonzar o incluso dañar la reputación de alguien. Lo que para uno es «solo una broma», para otro puede convertirse en un sufrimiento enorme. Además, hay legislación al respecto que nos puede dar algún susto y los padres somos responsables de enseñar a nuestros hijos a cumplirla y evitar futuros problemas.

- **Comprobar antes de compartir.** Es bueno tener la costumbre de comprobar lo que queremos compartir antes de hacerlo, en ocasiones nos daremos cuenta de que esa imagen que vamos a subir, al sacarla de su contexto, puede cambiar totalmente su significado y acarrearnos problemas a nosotros o a otros.

- **No hay que participar en burlas, retos ofensivos o difusión de rumores o bulos.** En redes sociales, las bromas se viralizan rápido y muchos se suman sin pensar. La presión de grupo puede hacer que un niño haga cosas que en persona jamás haría. Enseñarles a parar, pensar y no unirse al grupo dejándose llevar. El lado oscuro es siempre tentador, por eso debemos preparar a nuestros hijos con el ejemplo a no caer y evitar problemas.

- **Siempre debemos denunciar situaciones de acoso, odio, discriminación o cualquier tipo de problemas online.** Si se observa un caso de ciberacoso, comentarios racistas, sexistas o discriminatorios, lo correcto es denunciarlo. Silenciarlo o reír la gracia alimenta el problema y te conviertes en cómplice y parte del mismo, es mejor ser parte de la solución que ser parte del problema.

Cómo denunciar un problema en redes sociales

Acoso, amenazas, suplantación, difusión de fotos, grooming, estafas...

Antes de denunciar: guarda las pruebas para que no desaparezcan.

Es importante recopilar toda la información posible:

- Capturas de pantalla de mensajes, comentarios o fotos —con herramientas que permitan luego usarlas en la denuncia y en un posible caso judicializado—. Para este propósito tenemos herramientas como «https://archive.org» que hace una copia digital en la nube y actúa como tercero de confianza. Ese salvado es el que podemos adjuntar en la denuncia en caso de haberse eliminado el original.

- Fechas y horas. Es importante crear una línea temporal que ayudará a los investigadores a la hora de entender todo el proceso y mejorar los tiempos de la investigación. Cuantos más datos aportemos, mejor.

- Nombre de usuario o enlace al perfil.

- Conversaciones completas —aunque sean incómodas, sin avergonzarse de lo que aparece en las mismas.

- Correos electrónicos o números de teléfono si los hubiera.

- Cuanta más información recopilemos para adjuntar en la denuncia, mucho mejor.

IMPORTANTE: ¡**No borres los mensajes**! Pueden servir como evidencia. Si necesitas ayuda, puedes buscar los servicios de un perito tecnológico. Pero, ante la duda, no olvides que en el 017 te aconsejarán lo mejor para cada caso y te acompañarán para dar solución al problema o para ayudarte a poner la denuncia de la forma más adecuada.

Denunciar directamente en la plataforma

Instagram, TikTok, Facebook, WhatsApp, YouTube y otras redes tienen herramientas de:

- Bloqueo
- Reporte de contenido
- Denuncia de usuario
- Eliminación de publicaciones ofensivas

Esto puede detener el problema más rápido y deja registro que, posteriormente, vía judicial se podrá reclamar.

Cómo bloquear a personas molestas en redes sociales

Bloquear a alguien en redes sociales no es ser «malo» ni «exagerar».

Es una herramienta de protección para evitar mensajes incómodos, insultos, acoso o simplemente contactos que no queremos.

A continuación, vamos a ver los pasos básicos para bloquear haters en las plataformas más utilizadas a día de hoy:

Instagram

1. Entra en el perfil de la persona molesta.
2. Pulsa los tres puntitos que aparecen arriba a la derecha.
3. Selecciona «Bloquear».
4. La aplicación te dará dos opciones:
   - Solo bloquear ese perfil.
   - Bloquearlo junto con cualquier cuenta nueva que pueda crear.
5. Confirma la acción.

¿Qué conseguimos con este bloqueo? Esa persona ya no podrá ver tu perfil, tus publicaciones, historias ni escribirse contigo. Por lo que no podrá usar ese perfil para seguir molestándote o molestando a tus hijos.

TikTok

1. Abre el perfil de la persona que quieres bloquear.
2. Pulsa los tres puntitos o el icono de opciones en la parte superior.
3. Selecciona «Bloquear».
4. Confirma.

También puedes bloquear varios usuarios a la vez manteniendo pulsado un comentario y seleccionando a más personas. Así podemos bloquear a varios usuarios en caso de ser varios los que nos están molestando.

YouTube

1. Para bloquear comentarios:
   - En un comentario molesto, pulsa los tres puntos al lado del mensaje.
   - Selecciona «Ocultar usuario en el canal».

2. Para bloquear desde un perfil:
   - Entra en su canal.
   - Pulsa los tres puntitos.
   - Elige «Bloquear usuario».

Una vez efectuado el bloqueo, ese perfil ya no podrá comentar en tus vídeos ni escribirte.

WhatsApp

1. Abre el chat de esa persona.

2. Pulsa arriba donde aparece su nombre.

3. Baja hasta la opción «Bloquear».

4. Confirmar.

También puedes denunciar si se trata de acoso, amenazas, insultos o mensajes inapropiados.

Facebook

1. Ve al perfil de esa persona.

2. Pulsa los tres puntitos junto a su foto de portada.

3. Selecciona «Bloquear».

4. Confirmar.

Tras el bloqueo, no podrán:
- Enviarte mensajes.
- Ver tu perfil.
- Ver tus publicaciones.
- Etiquetarte.

Snapchat

1. Mantén pulsado el nombre de la persona en tu lista de contactos o chats.

2. Selecciona «Gestionar amistad».

3. Pulsa «Bloquear».

SI ALGUIEN TE MOLESTA O MOLESTA A TU FAMILIA Y NO SABES CÓMO BLOQUEARLO

✓ Busca una persona de confianza que te pueda ayudar.

✓ No contestes los mensajes.

✓ Ponte en contacto con el 017 de INCIBE.

✓ Policía Nacional y Guardia Civil están para protegerte.

CONSEJO IMPORTANTE

Bloquear no es «crear problemas», es poner límites. Algunas frases para enseñar a los menores a que aprendan a gestionar estas situaciones serían:

- «Si alguien te hace sentir incómodo, puedes bloquearlo».

- «No tienes que hablar con personas que te faltan al respeto».

- «Bloquear sirve para cuidarte, no para discutir».

- «Dos no discuten si uno no quiere».

La familia está para ayudarte, si mantienes un dialogo permanente, se evitarán futuros disgustos.

DAR EL PASO Y DENUNCIAR

Acudir a INCIBE

- Ciberacoso o bullying.
- *Grooming*.
- Extorsión sexual.
- Suplantación de identidad.

- Amenazas online.
- Estafas o fraudes en Internet.
- Problemas de privacidad.

☏ Línea de ayuda gratuita y confidencial: 017

Atienden todos los días del año. Te orientan sobre qué hacer, cómo actuar y, si hace falta, denunciar oficialmente, también por WhatsApp y Telegram.

Denunciar ante Policía Nacional

- Puedes acudir a cualquier comisaría —información en el teléfono 091.
- Asimismo, es posible denunciar online algunos tipos delictivos a través de la web https://www.policia.es/_es/denuncias.php.

Denunciar a Guardia Civil

- En cualquier cuartel de Guardia Civil —información en el 062.
- Puedes denunciar online algunos tipos delictivos a través de la web https://web.guardiacivil.es/es/tramites/denuncias/.

Los menores no pueden denunciar sin el acompañamiento de un mayor de edad

Enseña a tus hijos y a tus mayores a enfrentarse a estos problemas, que sean conscientes de cómo deben actuar:

- Avisar a un adulto de confianza: padres, profesorado, orientador, tutor, hijos —(en caso de los mayores.
- No sentir miedo, ni culpa, ni prisas: pedir ayuda es la opción correcta.
- Si hay riesgo inmediato —amenazas graves o extorsión—, avisar a un adulto y acudir a la Policía Nacional o la Guardia Civil cuanto antes.

En resumen: las pantallas no nos dan permiso para faltar al respeto. La educación digital es tan importante como enseñar a cruzar la calle o a tratar bien a los demás. Es importante estar formados en la familia para saber cómo actuar en caso de problemas.

EDAD MÍNIMA, PERMISOS Y ACOMPAÑAMIENTO

¿A partir de qué edad se pueden tener redes sociales?

La mayoría de plataformas establecen como mínimo los 14 años —Instagram, TikTok, YouTube, Snapchat…—, aunque esa edad depende de cada país. Este límite no es un capricho: tiene que ver con la protección de datos, la publicidad dirigida, la exposición pública y la madurez necesaria para gestionar interacciones con desconocidos.

Aun así, todos sabemos que muchos niños se crean perfiles antes de esa edad, unas veces con conocimiento de los padres y otras, sin él, por eso es importante mantener un clima de diálogo y confianza para que no busquen realizar actos «anónimos».

✓ Por eso es importante entender que prohibir no siempre funciona.

✓ Acompañar, hablar y educar da mejores resultados.

Si tu hijo aún NO tiene redes sociales:
- **Explícale con calma por qué todavía no es el momento.** No basta el «porque lo digo yo». Es más efectivo explicar que hay adultos que se hacen pasar por niños, que existen contenidos que asustan, que las cosas que se suben pueden quedarse para siempre, etc. Es el momento para empezar a educarles e informarles, siempre desde la responsabilidad, no desde el miedo.

- **Ofrece alternativas pensadas para su edad:**
  - YouTube Kids.
  - Plataformas de vídeos educativos.
  - Juegos online con control parental.
  - Aplicaciones diseñadas para menores.

- **Enséñales que no es un castigo, sino acompañamiento y protección.** Igual que no dejarías que fuese solo a un sitio peligroso, tampoco puede moverse solo por un espacio digital sin saber defenderse.

Si YA tiene redes sociales:
En lugar de vigilar a escondidas, lo más sano es acompañar y llegar a acuerdos:

- Pon el perfil en privado para que solo vea su contenido gente conocida.
- Revisad juntos quién puede enviar mensajes, ver fotos o dejar comentarios.
- Hablad sobre lo que se puede publicar y lo que no:
  - Nada de fotos con uniforme del cole.
  - No dar dirección o número de teléfono.
  - No contestar a desconocidos.
  - No publicar fotos de otros menores.
  - Pedir ayuda a los padres para confirmar la identidad de los amigos conectados.
- Estableced un espacio de confianza:
  - Si algo le inquieta, puede contarlo sin miedo a que se le requise el móvil.
  - Cuando un niño teme a ser castigado, suele ocultar lo que pasa, y es ahí cuando el riesgo aumenta.

Recordatorio: el mejor filtro no es una aplicación ni una contraseña. El mejor filtro es la educación, el diálogo y la relación con la familia.

CÓMO ACTUAR ANTE SITUACIONES INCÓMODAS O PELIGROSAS

En redes sociales pueden aparecer situaciones en las que un niño no posea las herramientas para gestionarlas: insultos, amenazas, chantajes, fotos no deseadas, juegos peligrosos, retos virales o personas que intentan manipularles.

Muchos no lo cuentan por miedo, vergüenza o por temor a que les quiten el móvil y convertirse en el «bicho raro de la clase».

¿Qué pueden hacer los adultos?

1. Repetir, una y otra vez, que pueden contar lo que pasa.

Díselo incluso cuando no haya problemas. Comparte vivencias con ellos sobre lo que te ocurra en RRSS, que vean que le pueden pasar cosas a cualquiera. Si algún día lo necesitan, sabrán que tienen un lugar seguro donde acudir.

2. Enseñar herramientas prácticas:
- Cómo bloquear a alguien molesto.
- Cómo reportar una foto o comentario ofensivo.
- Cómo guardar evidencias: capturas, enlaces, fechas.

Esto les da conocimiento y seguridad.

3. Validar sus emociones.

Lo que para un adulto puede parecer pequeño, para un niño puede ser enorme. Frases útiles para ser empático en el acompañamiento:
- «Entiendo que te haya dolido».
- «Gracias por contármelo».
- «Vamos a buscar una solución juntos».

4. Si hay acoso, amenazas o *grooming:* denuncia.
Muchos países ya cuentan con policías especializadas en ciberdelitos. En España podemos estar orgullosos de contar con los mejores profesionales, además de teléfonos de ayuda y protocolos escolares.

El mensaje para el menor es claro: no estás solo y los adultos pueden protegerte. Este mensaje también sirve para los padres: no estáis solos, INCIBE, Policía Nacional y Guardia Civil están para protegerte. La seguridad y la ciberseguridad es cosa de todos y juntos somos más.

Si tenemos tres grandes instituciones para protegernos, ¿por qué no les ayudamos a hacerlo? Es verdad que hay otros cuerpos policiales que nos pueden ayudar, pero Policía Nacional y Guardia Civil cubren todo el ámbito nacional.

REPUTACIÓN DIGITAL Y HUELLA DIGITAL: LO QUE SUBES SE QUEDA, AUNQUE LO BORRES

En Internet, todo deja rastro. Incluso si eliminamos una foto o un vídeo, puede haber personas que ya lo hayan descargado o compartido. Eso es la huella digital: el rastro permanente de lo que hacemos en la red. Ten en cuenta que, si «lo subiste, lo perdiste».

Esa huella forma parte de la reputación digital, es decir, la imagen que proyectamos online. Ejemplos muy habituales:

- Una foto graciosa en una fiesta puede acabar difundiéndose y humillando a alguien. Recuerda que, al sacar una imagen de su contexto, puede cambiar su significado y volverse contra ti o contra otra persona.

- Un comentario ofensivo hecho con 12 años puede resurgir cuando ese joven busque trabajo.

- Publicar información personal —domicilio, datos del colegio, rutinas— puede poner en riesgo a la familia.

Por eso es útil que los menores aprendan a hacerse preguntas antes de subir cualquier contenido, que mediten antes de actuar y que lo tengan tan asumido en su comportamiento que no necesiten pensar que deben hacerlo. Reflexionemos:

- «¿Le gustaría a esta persona que compartiera su foto?».

- «¿Lo vería bien mi familia o mis profesores?».

- «¿Estoy compartiendo algo que en el futuro pueda arrepentirme?».

No se trata de infundir miedo, sino responsabilidad y sentido común para un uso responsable de las nuevas tecnologías. Tener una buena higiene digital.

Como en tantas cuestiones de la vida, debemos trabajar una relación sana y de confianza con nuestros hijos:

- «No quiero controlarte ni espiarte, quiero acompañarte».

- «Internet también puede ser peligroso para los adultos, no solo para los niños».

- «Si algo te hace sentir raro, incómodo o confundido, puedes contármelo».

- «¿Me enseñas a configurar la privacidad de mis redes?».

- «Equivocarse no significa que te vaya a castigar. Hablarlo es lo más importante».

Decir estas cosas cuando no hay problemas hace que, si un día ocurre algo, el niño se sienta con libertad para pedir ayuda.

A MODO DE RESUMEN

✓ Las redes sociales pueden ser positivas si se usan con respeto y responsabilidad.

✓ La edad mínima existe porque hay riesgos reales y legales. Respétalas ya sea en RRSS o en juegos o en películas —que no son recomendables para su edad.

✓ Acompañar funciona mucho mejor que prohibir o espiar.

✓ Ante una situación incómoda o peligrosa, lo más importante es que los menores no se sientan solos.

✓ Lo que publicamos deja huella: enseñarles a pensar antes de subir contenido es un acto de protección.

CAPÍTULO 6

CIBERSEGURIDAD POR EDADES

CÓMO PROTEGER Y EDUCAR DIGITALMENTE SEGÚN CADA ETAPA DE LA VIDA

Cada edad tiene su momento y su forma para aprender: montar en bicicleta, cruzar la calle, cocinar o salir solo con los amigos. Lo mismo ocurre en la vida digital, las reglas, los riesgos y las herramientas no son las mismas para un niño de 6 años que para un adolescente de 15, un adulto o una persona mayor. Cada edad tiene un lenguaje propio y una experiencia vital que se puede aprovechar para que aprendan sobre seguridad y responsabilidad.

Por eso, en este capítulo encontrarás orientaciones claras y realistas para cada franja de edad, sin recetas mágicas, pero con criterios y ejemplos aplicables, teniendo en cuenta que las franjas son orientativas, variando según la madurez de nuestros hijos y los conocimientos de los menores y de los mayores para acompañarlos adecuadamente.

NIÑOS (3 A 10 AÑOS): INTRODUCCIÓN AL USO SEGURO

Más juego, menos exposición

En esta etapa, los menores no necesitan estar conectados todo el tiempo. Aun así, es probable que ya usen dispositivos para ver dibujos, jugar, escuchar música o hacer videollamadas con familiares o amigos.

La clave aquí no es prohibir, sino acompañar desde el primer clic y aprender jugando con ellos.

Buenas prácticas:
- Acompañamiento constante: los niños no deben usar dispositivos sin un adulto cerca.
- Limitar el tiempo de pantalla —según recomendaciones pediátricas.
- Usar plataformas seguras como YouTube Kids o apps educativas con control parental.
- Crear perfiles infantiles en las plataformas de vídeo bajo demanda —Netflix, HBO, Prime…
- Activar el «modo avión» si no es necesario estar conectado.
- Bloquear las compras dentro de apps y desactivar notificaciones.
- Enseñar desde pequeños a pedir ayuda si algo los incomoda —aunque no entiendan bien qué fue—. Pero pueden aprender mediante juegos.
- Mantener las cámaras tapadas.
- Guardar los dispositivos lejos de su alcance cuando no deban usarlos —por ejemplo, por las noches.

Qué enseñar en esta etapa:
- A no hablar con desconocidos, ni siquiera en juegos.
- A pedir permiso antes de realizar una acción digital o compartir algo.

- A identificar emociones: «¿esto me gusta o no?».
- A usar los dispositivos acompañados y aprender juntos.
- Que siempre estamos disponibles para ellos.

PREADOLESCENTES Y ADOLESCENTES (11 A 17 AÑOS): AUTONOMÍA CON ACOMPAÑAMIENTO

La etapa más complicada y desafiante, y también la más importante

En esta edad, los chicos quieren —y necesitan— mayor autonomía. Empiezan a tener redes sociales, usan más el móvil, chatean, juegan conectados y se relacionan digitalmente casi tanto, o más, que presencialmente.

El problema es que aún no tienen del todo desarrolladas las herramientas emocionales para manejar la presión social, los conflictos o los riesgos de internet. Por eso, el rol adulto es clave. Si ya hemos establecido buenos cimientos anteriormente, esta etapa nos resultará mucho más fácil. De lo contrario, tocará echar mucha paciencia y cariño para conseguir los objetivos. Ya sabemos por experiencia que, una vez que los hábitos se han interiorizado, es más complicado cambiarlos.

Buenas prácticas:
- Establecer acuerdos, no solo reglas —por ejemplo: horarios, privacidad, qué compartir y qué no.

- Respetar su espacio, pero con límites claros, hablados y explicados.

- Hablar sobre temas difíciles: ciberacoso, *sexting*, *grooming*, autoestima, juegos...

- Revisar juntos la privacidad de sus redes, enséñales con el ejemplo y configura con ellos la privacidad de tus redes. Así será más fácil que entiendan que la ciberseguridad y la privacidad es cosa de todos.

- Usar herramientas de control parental como complemento, no como único recurso, ya que no son infalibles.

Qué enseñar en esta etapa:

- A pensar antes de publicar: lo que hoy parece gracioso, mañana puede ser un dolor de cabeza.

- A no enviar ni reenviar imágenes íntimas, aunque parezca algo común. Es mejor no formar parte de esa cadena y ponerlo en conocimiento de un adulto.

- A detectar mensajes raros o sospechosos, incluso si vienen de «amigos».

- A pedir ayuda sin vergüenza ni miedo a tener represalias.

- Los padres ayudamos a los hijos y a los abuelos, los hijos ayudan a los padres y a los abuelos... En la familia, todos nos ayudamos para ser más responsables y seguros.

ADULTOS (18 A 64 AÑOS): CUANDO NOS FALTA LA BASE TECNOLÓGICA

Dar ejemplo también es la parte fundamental a la hora de educar

Muchas veces les pedimos a los menores que «no estén tanto con el móvil» mientras nosotros respondemos correos, miramos redes o leemos noticias... todo el tiempo. Nuestros hábitos digitales también enseñan.

Además, como adultos, somos blanco frecuente de fraudes, virus, *phishing* y estafas digitales. Por eso, cuidar nuestra ciberseguridad es una forma de cuidar a toda la familia. En esto de las nuevas tecnologías, no debemos actuar de forma distinta a lo que hacemos en el mundo real: si cuando vamos a un partido de fútbol insultamos al árbitro, lo más normal es que nuestros hijos nos imiten. En Internet debemos demostrar a nuestros hijos que hacemos lo que predicamos, de esa manera les calará mejor el mensaje.

Imagina que vas al médico y, mientras fuma un puro, te dice que fumar es malo para la salud. ¿Qué credibilidad te daría? Con tus hijos pasa lo mismo, eres el espejo en el que se miran y del que aprenden.

Buenas prácticas para adultos:
- Usar contraseñas seguras y diferentes para cada servicio, cambiándolas cada cierto tiempo.
- Activar la verificación en dos pasos —por ejemplo, con SMS o apps de autenticación.

- Evitar compartir datos personales en redes sin necesidad.
- No hacer clic en enlaces sospechosos, incluso si vienen por WhatsApp o e-mail.
- Revisar los permisos de las apps instaladas.
- Actualizar el sistema operativo y el antivirus.
- Realizar copias de seguridad periódicamente.
- No publicar que estás lejos de tu casa hasta que hayas vuelto.
- Pensar antes de actuar, revisar lo que vamos a compartir antes de hacerlo para evitar meter la pata.

Enseñamos con el ejemplo:
- Que nadie está exento de equivocarse.
- Que la privacidad es un derecho, no un lujo.
- Que podemos aprender en familia: enseñar y dejarnos enseñar.
- Trabajamos juntos con nuestros hijos: «nosotros también tenemos que cuidar lo que publicamos. ¿Vemos juntos cómo mejorar la seguridad de nuestras cuentas?».

MAYORES DE 65 AÑOS: EVITAR FRAUDES Y MIEDOS

Acompañar sin infantilizar, proteger sin atemorizar

Cada vez más personas mayores usan móviles, redes sociales, servicios bancarios y compras online, lo cual resulta positivo si les facilita la vida. El problema es que también son el grupo más vulnerable a fraudes digitales, precisamente por la falta de experiencia y de conocimientos de las nuevas tecnologías y de Internet.

Lo más importante es acompañar sin subestimar. No se trata de «sacarle el teléfono a la abuela», sino de mostrarle cómo cuidarse con respeto y paciencia. Ponte en su lugar, imagina lo que han vivido y cómo han llegado estas tecnologías a sus vidas. Recuerda el principio de este libro, si eres padre, seguramente hayas vivido la conexión a Internet vía módem, dejando el teléfono inutilizado cada vez que te conectabas. O recordarás lo que era guardar información en disquetes de 1,4 MB. También de cómo la gente iba con una cámara de fotos al hombro, que las noticias tenían un retardo en el tiempo desde que se producían hasta que te llegaban… Reflexiona que, si para ti ha sido un cambio, lo que ha supuesto para ellos. Por eso, ponte en su lugar y acompáñalos para que no estén solos ante el peligro.

Buenas prácticas para mayores:

- Ayudadles a configurar el teléfono o el ordenador: privacidad, actualizaciones, bloqueo de pantalla.

- Enseñadles a no hacer clic en enlaces que prometen premios o alarman —«urgente, revisa tu cuenta que ha sido bloqueada».

- Habladles de los fraudes bancarios, sorteos falsos y mensajes sospechosos.

- Fija reglas claras sobre contraseñas y claves —sin anotarlas en papeles a la vista.

- Refuerza la idea de que pedir ayuda no es un signo de debilidad, sino de inteligencia digital.
- Promoved actividades en familia para que aprendan los riesgos y cómo enfrentarse a ellos.
- Como con los menores, mantened el diálogo permanente para que sepan que no están solos y se sientan protegidos.

Qué podemos enseñarles:
- Que no hay preguntas «tontas» en tecnología.
- Que está bien desconfiar antes de actuar.
- Que los errores se pueden corregir, pero es mejor prevenir.
- Que estamos para acompañarlos.
- Que cualquiera podemos caer en una estafa, pero debemos saber pedir ayuda.
- A no sentir vergüenza o culpa si caen en una estafa.

A MODO DE RESUMEN

✓ **3-10 años**: supervisión total, aprendizaje emocional y primeros hábitos.

✓ **11-17 años**: autonomía progresiva con acompañamiento, confianza y diálogo.

✓ **Adultos**: educación con el ejemplo, apoyo y guía constante.

✓ **Mayores**: cuidado ante fraudes, simplificación de herramientas y respeto en el acompañamiento.

LA CIBERSEGURIDAD ES UN PROCESO, NO UN EVENTO

Enseñar a protegerse en Internet no es una charla de una sola vez, es un camino que empieza desde pequeños y se adapta con cada etapa de la vida. Por eso, más allá de los filtros, las apps o las herramientas, lo más importante sigue siendo el vínculo humano.

Para lo que antes nos parecía ciencia ficción puede ayudar a dar algunos tips mediante algunas películas que son fantásticas para ver en familia. De ellas se puede aprender de ciberseguridad y de nuevas tecnologías, ya que esa ciencia ficción de antaño, hoy es realidad:

- La película *Tron* —1982— nos contaba la historia de unos humanos que tenían que entrar en un videojuego y jugarlo desde dentro. Ahora con las gafas de realidad virtual, todos podemos hacerlo.

- En *Juegos de guerra* —1983—, mostraba la andadura de un joven hacker y su interacción con un sistema de Inteligencia Artificial al que tiene que enseñar. En aquellos años era ciencia ficción, pero hoy ya estamos viviendo esas «aventuras».

- En la película *Superman III* —1983— conocimos a un genio de la informática que empleaba sus conocimientos para estafar a su empresa a través de la programación de sus sistemas de nóminas. En la actualidad sufrimos los fraudes al CEO y otros tipos de estafas parecidos.

Lo que estas películas cuentan como algo inventado y ficticio resulta que ya lo estamos viviendo, y no han pasado tantos años, pero la tecnología avanza muy rápidamente y debemos adaptarnos a los tiempos. Con la ciberseguridad nos pasa lo mismo y la mejor manera de adecuarnos a los tiempos es en familia, aprovechando las experiencias de todos para generar conocimiento colectivo.

Donde hay confianza, hay protección. Donde hay diálogo, hay prevención.

CAPÍTULO 7

COMUNICACIÓN Y NORMAS EN EL HOGAR

MÁS QUE REGLAS: DIÁLOGOS

Si hay algo que sabemos, como adultos, es que no hay forma de estar 24x7 pendientes de lo que hacen nuestros hijos y, mucho menos, de lo que hacen en internet. Pero también sabemos que no sería sano para ellos ni para nosotros.

Lo que sí podemos hacer es algo muchísimo más poderoso y efectivo: educar para que sepan cuidarse, especialmente cuando no estemos mirando. Confiar en la educación y en la formación que les damos para que sean responsables y velen por su seguridad y la de la familia. Porque no debemos olvidar que una cadena es tan fuerte como su eslabón más débil, reforcemos juntos la cadena para no tener eslabones débiles.

La mejor herramienta que poseemos, por tanto, no es un control parental ni una app espía. Es algo mucho más simple y profundo: la comunicación en casa, la formación y la educación que transmitimos en la familia.

Este capítulo te ofrece ideas para:

- Establecer normas claras y realizables.
- Hablar de ciberseguridad sin asustar ni aburrir.
- Saber cómo actuar si ocurre un incidente.
- Fortalecer la confianza y el pensamiento crítico en familia.

ESTABLECER ACUERDOS FAMILIARES SOBRE EL USO DE LA TECNOLOGÍA

Las reglas funcionan mejor cuando se construyen en conjunto

Imponer reglas sin explicaciones, muchas veces, genera discusiones, mentiras o rebeldía. Lo prohibido resulta mucho más atrayente a los menores que tienen una curiosidad innata que deben satisfacer. En cambio, cuando se construyen acuerdos en familia, los hijos se sienten parte y los entienden mejor, por lo que es más probable que los respeten.

No se trata de ser autoritarios ni permisivos, la eterna batalla entre la usabilidad y la ciberseguridad, sino de encontrar un punto de equilibrio.

¿Qué puede incluir un acuerdo digital familiar?
- Horarios de uso: ¿cuándo y cuánto se puede usar el móvil, el ordenador, la tablet, la tele o los videojuegos?
- Pantallas antes de dormir: ¿a qué hora se desconectan los dispositivos?
- Contenido permitido: ¿qué tipo de videos, juegos o redes están habilitados para cada miembro de la familia?
- Privacidad: ¿qué datos no se deben compartir? ¿Qué hacer si alguien pide información personal?
- Respeto online: ¿cómo comportarse en redes, chats o juegos?

Una vez llegado al acuerdo, hay que escribirlo en una hoja visible en casa, en la nevera, por ejemplo, y firmar todos los miembros de la familia el compromiso de cumplirlo. Un ejemplo de acuerdo digital, aunque lo mejor es que lo hagáis en familia, podría ser:

Acuerdo Familiar Digital

Compromisos para usar la tecnología con responsabilidad, seguridad y respeto

Integrantes del acuerdo:

Nombre: _____

Edad: _____

Nombre: _____

Edad: _____

Nombre: _____

Edad: _____

*puedes incluir tantos miembros familiares como necesites.

Pactan:

1. Horarios y momentos para usar pantallas

✓ Usaremos dispositivos con pantalla durante:

🕐 Horario escolar/laboral: _____

🕐 Después de clases/tareas: _____

🕐 Fines de semana o festivos: _____

✗ No usaremos pantallas durante:

● Las comidas

● Una hora antes de dormir

● Las reuniones familiares

● Otro: _____

2. Qué está permitido hacer y qué no

✓ Podemos usar dispositivos para:

⬛ Tareas escolares/laborales

⬛ Jugar videojuegos apropiados para mi edad

⬛ Ver videos/series/películas adecuadas a mi edad

⬛ Escuchar música

⬛ Hablar con amigos y familia

⬛ Otro: _____

✗ No está permitido:

⬛ Hablar con personas que no conozco

⬛ Compartir fotos personales sin permiso

⬛ Descargar apps sin autorización

⬛ Usar el móvil en el baño o a escondidas

⬛ Hacer capturas de otros sin su consentimiento

⬛ Otro: _____

3. Privacidad y seguridad

⬛ Mantendré mis contraseñas en secreto —solo compartidas con adultos responsables si es necesario.

⬛ Revisaremos juntos la configuración de privacidad de mis cuentas y dispositivos.

⬛ No compartiré datos personales —nombre completo, dirección, escuela, etc.— sin permiso.

⬛ Avisaré si algo me incomoda, asusta o no entiendo en Internet.

4. Respeto y buen trato online

● No participaré en burlas, agresiones ni cadenas ofensivas.

● Si veo algo que no me gusta, lo contaré.

● Pensaré antes de publicar: ¿esto es respetuoso? ¿Puede hacer daño? ¿Me gustaría que lo hicieran conmigo?

5. Si pasa algo malo en Internet...

● Me comprometo a contar lo que ocurrió a un adulto de confianza.

● La familia se compromete a escuchar sin criticar ni juzgar, y buscar soluciones juntos.

● Si es necesario, guardaremos pruebas y bloquearemos o denunciaremos al agresor.

● Si la situación lo requiere, pediremos ayuda profesional o haremos una denuncia.

6. Nos comprometemos también a...

● Tener momentos sin pantallas para compartir en familia.

● Hablar abiertamente sobre lo que hacemos en Internet.

● Respetar el derecho de cada uno a tener su tiempo y su espacio.

● Aprender juntos sobre ciberseguridad y redes.

Fecha del acuerdo: ____ / ____ / _____

Firmas:

Firma del adulto responsable:

_____

Firma del niño/a o adolescente:

_____

Firma de otro integrante:

_____

Este acuerdo puede revisarse cada 6 meses o cuando haya cambios importantes: nuevo dispositivo, red social, etapa escolar, etc.

CÓMO HABLAR DE CIBERSEGURIDAD EN CASA

Sin sermones, sin sustos… con empatía, haciendo de la ciberseguridad algo divertido

Uno de los errores más comunes es hablar de ciberseguridad de forma pasiva, cuando algo malo ya ha ocurrido. Lo ideal es que se trate de manera natural un tema natural, al igual que se habla de cómo cruzar la calle o qué hacer si alguien extraño toca el timbre.

¿Cuándo hablar del tema?
- Cuando tu hijo/hija te muestre algo que ha visto online.
- Al instalar una nueva app, juego o red social.
- Al ver una noticia relacionada.

- Durante la cena o en un momento tranquilo, sin pantallas.
- Aprovechando cualquier momento del día en el que un acontecimiento nos ayude a sacar el tema, sin que parezca que estamos esperando a tener una oportunidad para soltar el sermón.

¿Cómo hablar para que escuchen?
- Con preguntas que nos hagan reflexionar en familia.
- Con ejemplos reales, pero sin generar pánico. Analizando noticias que salgan en los medios.
- Desde el aprendizaje, no desde la culpa.
- Con lenguaje claro y adaptado a la edad.

Y para que nuestros hijos nos escuchen, o nuestros mayores nos entiendan, podemos realizar acciones que nos ayuden a dar visibilidad a los peligros de Internet haciendo actividades divertidas en familia.

Lo que os propongo es definir un día a la semana para ver una película en casa —para este fin, las de Disney son un filón—. Cada semana elige la película un miembro de la familia —lo que nos ayudará a conocer los gustos de cada uno y a conocernos todos mejor—, ese día vamos a ver la película todos juntos y con palomitas. Al terminar la película empieza el juego: vamos a descubrir qué enseñanzas de ciberseguridad podemos extraer de la historia que acabamos de ver. Aquí la imaginación vuela y, para que no os resulte muy complicado, os voy a dar unos ejemplos para que vayáis practicando:

La Bella Durmiente

Una película preciosa y con grandes canciones, repasemos su historia y qué nos enseña de ciberseguridad.

Tras mucho tiempo sin conseguir descendencia, un rey y una reina tienen una hija. Cuando la niña cumple un año de edad, invitan a un festejo en honor de la niña a siete hadas madrinas buenas que, mediante encantamientos, le otorgan dones positivos. Pero, entonces, irrumpe una bruja de un país vecino, a la que no pudieron invitar porque no había platos suficientes y esta, ofendida, sentencia que el día en que la princesa cumpla dieciséis años se pinchará el dedo con el huso de una rueca y morirá.

Venga, que es Disney, así que una de las hadas madrinas que todavía no había otorgado su don a la princesa, mitiga la maldición de manera que, cuando la joven cumpla dieciséis años, se pinchará el dedo con un huso de una rueca, pero, en lugar de morir, dormirá un siglo. El resto es historia y mejor no desvelarla y descubrirla en familia con un buen bol de palomitas.

Pero ¿y de Ciberseguridad qué?

Pues muy atentos, que vienen curvas: una fiesta de cumpleaños, una celebración cualquiera y hacemos fotos de los menores para compartirlas en las RRSS, qué mono está en esa postura, qué gracioso está con la carita llena de tarta... Pero vamos más allá, siguiendo nuestro ejemplo, al crecer estos mismos niños, ahora jóvenes, publicarán fotos en redes para conseguir los «regalos» de las hadas, que podrían ser el reconocimiento de sus amigos, premios que den en concursos… otorgando mucha información y, en pocas palabras, vendiendo nuestra alma al diablo.

Sí, vendiendo nuestra alma al diablo o, lo que es peor, vendiendo el alma de nuestros menores, porque siempre está la bruja mala pendiente de poder usar nuestras acciones contra nosotros y toda esa información —fotos y videos— que permanece dormida en Internet, igual que Aurora durante 100 años, resurgirá un día y volverse contra nosotros o contra ellos, en forma de acoso, por ejemplo. ¿No os ha pasado nunca cuando veis las fotos o vídeos de cuando erais pequeños que os avergonzáis de alguna imagen porque os parece ridícula? Por aquella época eran pocas las imágenes y se quedaban en el álbum familiar, para avergonzarnos un poco con los años. Pero, hoy en día, la cantidad de fotos y vídeos que hay es descomunal.

Debemos reflexionar mucho acerca de lo que hacemos con la información, lo que subimos a la red y lo que enseñamos a nuestros jóvenes. Porque, como dicen los sabios, «no la hagas y no la temas». Os invito a pensar antes de actuar para proteger la privacidad de los nuestros y evitarles cualquier problema derivado de estas actuaciones. No nos dejemos encantar por los regalos de las hadas y pensemos en ponérselo difícil a las brujas malas que nos acechan, recordando que la información queda dormida en la red al igual que la protagonista de esta película, por muchos, muchos, muchos años.

La Búsqueda

Esta película nos atrapa en una divertida aventura de acción constante, repleta de diálogos perspicaces. Benjamin

Franklin Gates, interpretado por Nicolas Cage, ha dedicado su vida a buscar el legendario tesoro de los Caballeros Templarios, del que se decía que estaba escondido en algún lugar de Estados Unidos.

Durante siete generaciones, la familia Gates se ha dedicado a seguir las pistas que dejaron los «Padres Fundadores» de Estados Unidos, recorriendo el país en busca del tesoro. Por fin, Ben descubre la pista definitiva encerrada en un mapa oculto en el reverso del objeto más vigilado de EE.UU.

A partir de aquí se da el pistoletazo de salida a carreras descifrando pistas llegando a límites insospechados que solo podrían darse en una película. Pero ¿qué relación hay entre la ciberseguridad con estas aventuras que nos evocan a las de Indiana Jones en pleno siglo XXI?

Podríamos hablar de los retos de hacking, al tener que ir hallando las pistas que nos llevarán a encontrar el tesoro que se encuentra al final. Aunque quizá de eso tenemos otras películas que se adaptan mejor, como *Alicia en el País de las Maravillas*.

En *La búsqueda*, comprendemos la importancia de los sistemas para ocultar a simple vista lo que no quieres que sea encontrado. Esos sistemas se basarían en la esteganografía, que es el estudio y aplicación de técnicas que permiten ocultar mensajes u objetos dentro de otros, llamados portadores, para ser enviados y de modo que no se perciba el hecho.

Asimismo, se emplearía la criptografía, que es el ámbito de la cristología, relacionado con las técnicas de cifrado o codificado destinadas a alterar las representaciones lingüísticas de ciertos mensajes con el fin de hacerlos ininteligibles a receptores no autorizados.

Para mayor claridad vamos a verlo con ejemplos: durante toda la película se van cruzando con pistas gracias a la que descifran previamente, en ocasiones con sistemas de estenografía. Así saben a qué hora deben estar en un sitio para hallar la siguiente pista gracias a la ilustración que hay en el reverso de un billete de 100 dólares, a la vista de todo el mundo y solo evidente para aquel que tiene la clave. Otro ejemplo podría ser el mapa oculto, escrito en el reverso de un documento con tinta invisible que aparece al frotarla con limón y darle calor. De nuevo un mensaje escondido a la vista de todos.

Analicemos, también, cuando aplican la criptografía y varios de sus usos. Primero, cuando sacan el mensaje oculto en las cartas de Silencio Dogoo, en las que está escrito un mensaje oculto entre sus letras y solo descifrable gracias al código camuflado en otro documento. De igual forma, en la pipa de espuma de mar que Gates halla al principio de la película en las ruinas de Charlotte y que a la postre descubrirá que no se trata de una mera pipa...

Tantos ejemplos ocultos en esta película y lo que realmente aprendemos es a ver más allá de las apariencias y buscar lo oculto a simple vista.

Blancanieves y los siete enanitos

Quién no conoce la historia de la princesa que vive con siete enanitos en el bosque, los cuales, por cierto, son grandes trabajadores. Un día, la joven recibe una visita de una adorable viejecita, aunque en realidad es una bruja, pero se camufla para conseguir ganarse la confianza de Blancanieves, ¿os suenan estas tácticas? Pues bien, esa adorable ancianita regala a la princesa una apetitosa y jugosa manzana, pero al morderla cae dormida, embrujada hasta que el príncipe azul la despierta con un beso.

Estamos ante un claro caso de *phising*, una jugosa y apetecible manzana, equivalente a un mail de un paquete de correos que no hemos pedido, para lanzar un *ramsonware:* la joven queda dormida al igual que cuando se encriptan los ficheros de un sistema, que pide un rescate para desencriptar el objetivo; si bien, en este caso, la clave es el beso, en la vida real, el rescate lo piden en bitcoins.

Cuento de Navidad

El Sr. Scrooge —Tío Gilito— es un viejo banquero avaricioso y ruin. Además de no dar dinero a los pobres, hace trabajar sin parar a su ayudante Bob Cratchit —Mickey Mouse— hasta que, una noche, a Scrooge le visita el fantasma de su antiguo socio, Jacobo Marley —Goofy—. Este le dice que acabará arrastrando unas pesadas cadenas para toda la eternidad a causa de todas sus maldades y le avisa de que le visitarán tres espíritus más a los que debe escuchar antes de que sea demasiado tarde: el espíritu del pasado, el del presente y el del futuro.

Estos tres le conducirán a escenas de su vida para que Scrooge aprenda a reflexionar e intentar cambiar su duro corazón, y hasta ahí puedo leer. Muy bien y, ahora, ¿qué?

Esta peli de Navidad, ¿qué tiene que ver con la ciberseguridad? Pues vamos a desgranar esos mensajes.

El señor Scrooge podría ser cualquier padre que cree que lo tiene todo controlado trabajando mucho para que sus hijos estén a salvo sin que les falte de nada. Así piensa que nunca tendrán problemas hasta que aparecen los tres espíritus:

El espíritu del pasado encarnado en el abuelo, que le lleva a un punto en el pasado en medio de una reunión de la Junta Directiva en la que se planteó al protagonista cambiar de trabajo a uno en el que podría disfrutar más de la familia, ganando mucho menos. En ese momento, pensó que era más importante ganar más dinero, ya disfrutaría de la familia más adelante. El tópico de José Mota: «hoy no, mañana» … pero ese mañana nunca llega.

El espíritu del presente representado por el director del colegio para contarle que su hijo está sufriendo acoso y necesita ayuda urgente, pero el padre delega el problema en otras personas por estar muy ocupado trabajando.

El espíritu del futuro, que le llevará a ver la situación suya y de la inexistente empresa dos años después, se verá en la ruina y solo.

Moraleja: en ciberseguridad, como en la familia, no dejes para mañana lo que puedas hacer hoy, anticípate y no pienses que lo tienes todo controlado. Aprende de los errores del pasado para que el presente no te arruine el futuro. La ciberseguridad es una inversión en familia, no es un gasto ni puede esperar.

La bruja novata

Retrocedemos al año 1940, durante la Segunda Guerra Mundial. La protagonista, magistralmente interpretada por Angela Lansbury —qué gran actriz—, es una mujer soltera y recia que se ve obligada a alojar en su casa, muy a su pesar, a tres niños evacuados durante el *Blitz* de Londres, es decir, durante los bombardeos sostenidos en el Reino Unido por parte de la Alemania nazi que tuvieron lugar entre 1940 y 1941.

Lo que nadie sospecha es que, en realidad, es una bruja, bueno, más bien, una aprendiz de bruja, ya que recibe las lecciones por correspondencia. A consecuencia de la guerra, la «Academia de brujería de Emilius Browne» de Londres se ve obligada a cerrar, sin poder remitirla la lección más importante, «La Locomoción Sustitutiva».

Sin hacer spoilers, vamos a ver qué podemos aprender de esta película. En la vida real, nuestro personaje podría ser cualquiera de nosotros que quiere aprender de hacking ético, por ejemplo —que es lo más parecido a la brujería—, y decidimos aprender con formación online en lugar de presencial, ya que es más flexible de horarios y dedicación. Pues bien, imaginaros que esto ocurre en días como los que estuvimos viviendo con el famoso covid-19, momento en que, estando confinados en casa, podíamos avanzar más en la formación online. Cuando nos queda el último tema para tener nuestro título y terminar el curso, sorpresa, la academia cierra y nos deja colgados, sin terminar la formación, sin recuperar lo invertido ni en tiempo ni en dinero, en fin, un desastre. Como decimos siempre, las películas de Disney acaban con final feliz, pero en la vida real puedes acabar con serios problemas.

De aquí debemos sacar una lección muy clara de ciberseguridad, orientada en este caso a la formación a distancia: al buscar esa formación que deseamos realizar, no dejemos que la elección dependa únicamente del tema económico. En muchas ocasiones se puede subvencionar, busquemos una buena formación de calidad, en una entidad respetable, con recorrido suficiente como para que nos sintamos seguros de que nos responderá ante cualquier incidencia. Un organismo que no sea fácil su desaparición y, sobre todo, debemos preocuparnos de tener todo por escrito por si en algún momento tenemos que reclamar. No dejemos que la formación de algún miembro de la familia acabe en trauma familiar.

Vaiana

La película comienza en una isla paradisíaca, en la orilla donde una niña, Vaiana, juguetea con el mar, llamada por la curiosidad de esa inmensidad, aunque enseguida llega su padre para retirarla del agua y ponerla a salvo. La abuela, en cambio, llena la cabeza de la pequeña de fantásticas historias que acontecieron en el océano, lo que hace que Vaiana quiera descubrir qué hay más allá.

Su padre sobreprotector continúa apartándola del mar y de sus ideas de navegar, pero, tiempo después, todavía siendo joven, Vaiana decide saltarse las prohibiciones de su padre y adentrarse en las aguas en una gran aventura. A estas alturas espero que ya estéis descifrando las enseñan-zas ocultas de ciberseguridad de esta gran película y lo que tiene que ver con esta protagonista.

Traigamos la trama al mundo actual: una niña pequeña atraída por el mundo de Internet, deseando navegar por el ciberespacio, alentada por las historias que oye de lo que allí ocurre, vídeos de sus dibujos favoritos, canciones, jue-gos... un verdadero paraíso. Pero su padre, especialmente protector, no deja que use las NTICs ni navegar online. Sa-bedor de los peligros que se ocultan tras las pantallas, toma la opción más drástica y veta a su hija todo acceso al ciber-mundo.

Finalmente, la niña se rebela y, en casa de una amiga, en un cibercafé... en cualquier sitio, acabará accediendo sin ningún tipo de control ni conocimiento, y será en ese mo-mento cuando realmente se esté exponiendo a los peligros ocultos derivados de no hacer un uso responsable de las NTICs.

Cibermoraleja: prohibir el uso de las nuevas tecnologías a nuestros menores nos lleva a potenciar esos peligros. Por-que acabará teniendo ese acceso, pero sin ser consciente de los peligros que se ocultan, sin saber identificarlos y sin po-seer herramientas de cómo enfrentarse a ellos.

Prohibir no es la solución, seamos pacientes y dedique-mos tiempo a nuestros menores, la mejor protección que les podemos dar es la concienciación. Como dijo Sócrates: «el conocimiento nos hará libres», pues hagamos que nuestros menores sean libres porque les hayamos hecho el mayor regalo que podemos y debemos: el conocimiento. Y, si les damos el conocimiento, por supuesto que podrán tener problemas... Al fin y al cabo, todos podemos tenerlos, pero sabrán cómo identificarlos y enfrentarse a ellos, y, sobre todo, serán conscientes de que pueden contar con nosotros para ayudarles, pase lo que pase.

Además de las películas, podemos aprovechar cuando contamos cuentos a nuestros hijos para hablar de ciberseguridad y explicarles cómo funciona o los peligros que encierra Internet, por ejemplo:

Los tres cerditos

Érase una vez tres cerditos que eran hermanos y vivían felices en el bosque. Un día, decidieron cada uno hacerse una casa: el pequeño, que era muy vaguete, se montó la casita de paja; el mediano, que era un poco más apañado, la hizo de madera; mientras que el mayor dedicó más tiempo y esfuerzo en construirla con ladrillos. Un día, de repente, apareció el Lobo Feroz y derribó las dos primeras casas, que no se le resistieron. Al no poder derribar la casa de ladrillo, el Lobo subió a la chimenea e intentó colarse en la casa, pero el cerdito tenía un caldero con agua hirviendo y el lobo se quemó y salió huyendo mientras que los cerditos lo celebraban.

Bonita historia —para todos menos para el Lobo—, ahora veamos: ante el peligro que existe para los cerditos, el lobo, que en este caso encarna todos los peligros que acechan a la ciberseguridad de nuestras empresas y hogares, tenemos tres formas de actuar:

Como el cerdito pequeño: sin hacer un análisis de riesgos y poniendo medidas de bajo coste para evitar esos peligros. Lógicamente, la casita de paja voló inmediatamente sin oponer resistencia al primer ataque.

Como el cerdito mediano: haciendo un análisis de riesgos, pero subestimando el peligro, gastando poco en medidas de seguridad y sin cumplir ninguna normativa. Resultado, no duró más de dos ataques.

Como el cerdito mayor: con un buen análisis de riesgos, aplicando las mejores medidas de seguridad con doble barrera de firewalls —barrera perimetral y barrera interna— con un plan de concienciación, tomándose muy en serio su seguridad. Cuando los ataques por parte del lobo llegaron, fue factible contenerlos de la siguiente manera:

1. La seguridad perimetral evitó que el lobo derribase la casa.

2. La barrera interna de firewalls —la olla con agua hirviendo en la chimenea— evitó que el lobo aprovechase una brecha de seguridad que tenía la perimetral.

Lo único que sí tuvieron en común los tres casos fue un plan de concienciación, ya que no eran ajenos al problema y no abrieron las puertas al lobo cuando llamó para que le dejasen entrar.

Pero, como en todo, vemos que hay distintos niveles de concienciación y que esta nos debe llevar a poner soluciones robustas de ciberseguridad. Moraleja: el único que se tomó en serio el peligro y se adelantó al mismo para protegerse con los mejores medios, invirtiendo tiempo, esfuerzo y dinero, es el que consiguió repeler los ataques y asegurar la seguridad de su casa fue el cerdito mayor. Aprendamos de él.

¿Quién teme al lobo feroz? Todos debemos temerlo e invertir en buenos planes de ciberseguridad. Invertir, sí, porque la ciberseguridad no es un gasto, es una inversión.

Caperucita Roja

Narra el cuento cómo una niña se encuentra de camino a casa de su abuelita que está enferma, topándose con otro lobo feroz. Tras una conversación se gana su confianza y le recomienda ir a casa de la abuelita por el camino más largo; tras esto, el lobo coge el camino corto y llega a casa de la abuela antes, se la come y se disfraza de la misma para esperar a la joven caperucita.

Cuando llega Caperucita y ve al lobo en la cama, empieza a sospechar, enunciando las famosas frases: «Abuelita, Abuelita, qué ojos más grandes tienes», «Abuelita, Abuelita, qué orejas más grandes tienes», «Abuelita, Abuelita, qué dientes más grandes tienes»… y, efectivamente, eran para comerla mejor. Un leñador que andaba por la zona, al oír escuchar el auxilio de Caperucita, se acercó a la casa y se encontró al lobo dormido en la cama haciendo la digestión tras haberse comido a la abuela y la nieta. Entonces el buen leñador abre la tripa al lobo y rescata a la niña y a la abuelita… bueno, el final ya lo conocemos todos y es feliz.

¿Qué enseñanzas de ciberseguridad sacamos de esta historia? Traigamos la historia al presente y lo veremos claro: una joven que navega por Internet, su madre confía en que está hablando con su abuelita y sus amigos.

El lobo, llevando a cabo técnicas de ingeniería social, consigue que caperucita le acepte como amigo. Poco a poco se gana su confianza, cuando la joven le tiene como un amigo más, o incluso como un amigo con el que puede hablar de todo y compartir confidencias, el lobo le propone verse en persona, normalmente en un sitio con cierta privacidad, como si le indicase el camino a casa de su abuelita. Finalmente, quedan en el mundo real y ahí la joven descubre que la abuelita es un lobo feroz.

El papel del leñador lo podrían representar los padres que han detectado algo raro o algún amigo que está al tanto de esta amistad y levanta la mano para pedir ayuda. Recordemos que en las películas hay final feliz, pero en la vida real este tipo de circunstancias acaban muy mal generalmente.

Ahora es el momento de reunirse en familia y planificar juegos para hablar de ciberseguridad y aplicarla a nuestro día a día. De esta manera será más fácil interiorizar que debemos actuar siempre de forma cibersegura y sabiendo que la ciberseguridad 100% efectiva no existe, por lo que tenemos que estar preparados para saber cómo actuar cuando falle.

PLANES DE ACTUACIÓN ANTE INCIDENTES DIGITALES

Preparados para actuar y que no cunda el pánico

Así como en casa solemos tener un «plan de emergencia» para un incendio o una caída, también necesitamos uno para situaciones digitales difíciles: ¿qué pasa si tu hijo?

- ¿Recibe un mensaje inapropiado?
- ¿Sufre acoso online?
- ¿Comparte una foto que luego se viraliza?
- ¿Accede por error a contenido violento o sexual?

En esos casos, saber qué hacer —y qué no hacer— marca la diferencia y en nuestras manos recae el estar preparados.

Pasos clave ante un incidente digital:

1. Escuchar sin juzgar, sin criticar.
   Lo primero es que se sientan escuchados y protegidos. Evita frases que le hagan sentir vergüenza o culpabilidad, lo primero es poner solución.

2. Salvaguardar las evidencias.
   Capturas de pantalla, mensajes, perfiles... Todo puede servir para denunciar o buscar ayuda. Para esta captura podemos usar herramientas como:

   - Wayback Machine (parte de Archive.org)

Aunque es el más conocido, merece mención. Permite consultar versiones antiguas de páginas web y crear capturas nuevas de cualquier URL. Ideal para investigación histórica de contenidos online.

- Archive.today/ Archive.ph
  - Captura instantáneamente una copia estática de una página web.
  - No depende de que el sitio permita rastreo, por lo que a veces guarda contenido que otros bots no pueden.
  - Útil para preservar artículos que podrían ser modificados o borrados.

- Perma.cc
  - Servicio utilizado especialmente por universidades y medios.
  - Permite capturar y almacenar versiones permanentes de páginas web para usar en citas académicas o legales.
  - Cada enlace archivado queda protegido de futuros cambios.

- WebCite
  - Archivador orientado a uso académico.
  - Permite a autores y revistas incluir enlaces «fijos» a versiones preservadas de páginas web.
  - Aunque ha tenido periodos de mantenimiento, todavía se usa como referencia científica.

- Archive-It
  - Proyecto derivado de Internet Archive.

- Usado por instituciones —bibliotecas, museos— para crear archivos completos de sitios web.
- Permite gestionar colecciones de dominios completos con rastreo periódico.

• Memento Time Travel

- Permite buscar versiones pasadas de una web consultando múltiples archivos —Wayback Machine, Archive.today, etc.
- Útil cuando un servicio no tiene copias y otro, sí.

3. Cortar el contacto con la persona involucrada.
   Bloquear, silenciar y denunciar en la plataforma.

4. Reportar a las autoridades si es necesario.
   Si hay *grooming*, amenazas, extorsión o acoso grave, se debe denunciar. Recuerda que tienes el 017 para asesoramiento y que puedes denunciar ante Policía Nacional o Guardia Civil de manera presencial; en algunos supuestos, de manera telemática a través de sus webs.

5. Buscar apoyo emocional.
   No minimices el impacto: a veces, un incidente online puede generar ansiedad, miedo o vergüenza. Ofrece contención y, si es necesario, busca ayuda profesional.

Ten siempre presente con tus hijos: «no importa si te has equivocado. Lo importante es que has venido a contármelo».

FOMENTAR EL PENSAMIENTO CRÍTICO Y LA CONFIANZA

Formar usuarios responsables, no solo protegidos

Los controles, filtros y reglas son necesarios, pero no alcanzan si no enseñamos a pensar por cuenta propia. Los jóvenes deben aprender a hacerse preguntas como:

- ¿Esto que veo es real o puede estar manipulado?
- ¿Es seguro compartir esta imagen o dato?
- ¿Cómo me hace sentir esto que estoy leyendo?
- ¿Qué consecuencias puede tener esta publicación?

Y deben saber cómo gestionarlas. Aquí es donde nos aseguraremos realmente si les ha calado el mensaje que tanto hemos trabajado en familia.

Actividades que nos pueden ayudar:
- Ver juntos un vídeo viral y analizarlo: ¿qué transmite? ¿Es positivo? ¿Es confiable?
- Jugar a «detectar el engaño»: mostrar dos noticias y descubrir cuál es falsa.
- Leer comentarios ofensivos —anónimamente— y debatir: ¿cómo responder? ¿Cuándo ignorar? ¿Cómo denunciar?
- Hacer *role playing* de situaciones digitales difíciles —por ejemplo: qué hacer si alguien pide una foto personal.

El objetivo es formar usuarios activos, responsables y críticos, no solo consumidores pasivos de contenido. Es el momento de preguntarse: ¿tu hijo o hija te contaría si tuvo un problema en internet?

Si no estás seguro de la respuesta, no te preocupes. Estás a tiempo de fortalecer el vínculo, promover el diálogo y seguir construyendo un entorno donde se sientan protegidos y escuchados: la familia.

EN RESUMEN

✓ Las reglas funcionan mejor cuando se convierten en acuerdos construidos en familia.

✓ Hablar de ciberseguridad debe ser parte de la vida cotidiana, no solo una charla aislada.

✓ Tener un plan claro ante problemas digitales permite actuar con calma y eficacia.

✓ El pensamiento crítico es una de las habilidades más importantes en la era digital.

✓ La confianza es la base para que los chicos cuenten lo que viven dentro y fuera de las pantallas.

CAPÍTULO 8

HERRAMIENTAS Y RECURSOS ÚTILES

APLICACIONES, PLATAFORMAS Y CONTACTOS PARA UN USO RESPONSABLE DE LAS TECNOLOGÍAS

En el entorno digital actual, es esencial contar con herramientas y recursos que faciliten un uso seguro y responsable de la tecnología. A continuación, veremos diversas opciones que pueden ser de utilidad para las familias.

APLICACIONES DE CONTROL PARENTAL Y SEGURIDAD

Las aplicaciones de control parental permiten supervisar y gestionar el uso que los menores hacen de los dispositivos y plataformas digitales.

Son herramientas que los padres o tutores usan para ayudar a proteger a menores y adolescentes cuando usan móviles, tablets u ordenadores. Pensemos en los controles parentales como si de una caja de herramientas digital se tratase: sirve para poner límites, supervisar, acompañar y enseñar a usar la tecnología de forma segura, no para espiar ni castigar.

¿Para qué sirve?

Imagina que dejas a tu hijo solo en la calle: podrías querer poner reglas —horario—, saber dónde está —ubicación— o bloquear ciertas zonas peligrosas. Una app de control parental hace lo mismo, pero en el mundo digital:

- Limita cuánto tiempo puede usar el dispositivo.

- Bloquea aplicaciones o webs peligrosas.
- Muestra qué apps usa y cuánto.

Ayuda a encontrar el dispositivo si se pierde.

Envía alertas si aparece algo preocupante —por ejemplo, lenguaje sobre autolesiones.

FUNCIONAMIENTO DE LAS APLICACIONES DE CONTROL PARENTAL

1. Instalación y configuración inicial

Cuando la app se instala en el dispositivo del menor, solicita permisos especiales del sistema:

- Acceso de administrador del dispositivo: evita que la app sea desinstalada sin autorización.
- Acceso a uso del dispositivo: registra qué apps se usan y por cuánto tiempo.
- Acceso a accesibilidad: necesario para bloquear apps o detectar contenido.
- Acceso a ubicación: para mostrar dónde está el móvil.

Se vincula a una cuenta del padre, madre o tutor:

- El adulto gestiona todo desde su propio móvil o un panel web.

2. Supervisión del uso del dispositivo

- **Control del tiempo de pantalla.** La app monitoriza automáticamente cuánto tiempo permanece activo el dispositivo:
  - Registra cada vez que la pantalla se enciende.

- Registra cuánto tiempo se usa cada aplicación.
- Genera estadísticas diarias y semanales.

Cómo limita el tiempo:
- Bloquea la pantalla completa cuando se supera el límite.
- Impide abrir apps restringidas.
- En algunos sistemas, solo permite llamadas de emergencia.

- **Bloqueo de aplicaciones.** Estas apps identifican todas las aplicaciones instaladas y permiten:

    - Bloquear apps concretas —ej.: TikTok, Instagram, juegos.
    - Permitir aplicaciones educativas o de trabajo.
    - Fijar horarios —ej.: juegos solo después de hacer tareas.

¿Cómo lo hacen técnicamente?
- Usan permisos de sistema para impedir la ejecución de una app.
- Muestran una pantalla de bloqueo cuando el menor intenta abrirla.
- Algunas detectan apps recién instaladas y las bloquean hasta aprobación, otras no dejan instalar si no es por el adulto que gestiona el control parental.

- **Filtro Web y protección en Internet.** Cuando el niño navega, la app puede:

- Bloquear páginas por categoría —porno, violencia, apuestas.
- Impedir navegación privada.
- Registrar búsqueda o historial.

¿Cómo funciona? Métodos posibles:

VPN interna: todo el tráfico pasa por un filtro de seguridad.

DNS seguro: redirige peticiones web a un servidor que decide si la web es segura.

Extensión del navegador —PC—: controla URLs visitadas.

3. Monitorización de contenido y actividad

Algunas apps más avanzadas también analizan:

- Mensajes, redes sociales y chats
  - Detectan palabras relacionadas con sexo, autolesiones, drogas o acoso.
  - Pueden dar alertas si detectan riesgo grave.

- Localización y zonas seguras
  - Muestran posición GPS en tiempo real.
  - Guardan el historial de ubicaciones.
  - Permiten crear «geovallas» —ej.: colegio, casa, parque.
  - Si el menor sale del área, llega una notificación al padre, madre o tutor.

4. Seguridad contra desinstalación

Para evitar que el niño elimine la app:

- Requiere contraseña del padre, madre o tutor.
- Se oculta o se vuelve una «app del sistema».
- Avisa si alguien:
  - Intenta desactivarla.
  - Apaga el GPS.
  - Desconecta Internet.

En algunos dispositivos, solo los padres pueden borrarla desde su cuenta —por ejemplo, con Family Link en Android o Control parental nativo de iOS.

5. Informes y alertas

La app recoge datos y los envía al panel del adulto. Pueden mostrar:

- Apps más usadas.
- Total de horas de pantalla.
- Páginas visitadas.
- Intentos de abrir contenido bloqueado.
- Cambios sospechosos —desinstalar apps, borrar historial.
- Alertas de ciberacoso o contenido sexual.

Algunas envían avisos en tiempo real, y conocer las funciones de estas aplicaciones de control parental nos ayudará a elegir la que mejor se adapte a las necesidades de nuestra familia.

¿Qué tecnologías usan realmente?

Función	Tecnología habitual
Bloquear apps	Permisos de administración + accesibilidad
Limitar tiempo de pantalla	Monitor de eventos del sistema
Filtro web	VPN interna/DNS seguro
Localización	GPS + Wifi + red móvil
Supervisión de chats	Análisis de texto/IA en segundo plano
Alertas	Notificaciones «push» al móvil del tutor

Límites y consideraciones

Limitación	¿Por qué ocurre?
No puede leer mensajes cifrados de WhatsApp o Signal	Cifrado extremo a extremo
Algunos niños pueden intentar «rootear» o desbloquear el móvil	Riesgo en adolescentes con conocimientos
En iPhone, ciertas funciones son más limitadas	Apple restringe mucho el acceso profundo al sistema
Debe usarse con consentimiento y explicación	Leyes de privacidad y ética familiar

Algunas de las más recomendadas son:

- *Google Family Link*: permite a los padres crear cuentas supervisadas para sus hijos, establecer límites de tiempo de pantalla y gestionar las aplicaciones que pueden usar.

- *Qustodio*: ofrece monitoreo de actividad en línea, filtrado de contenido y control de tiempo de uso en múltiples dispositivos.

- *OurPact*: facilita la programación de horarios de uso, bloqueo de aplicaciones y seguimiento de la ubicación en tiempo real.

- *Microsoft Family Safety*: proporciona informes de actividad, ubicación compartida y alertas de conducción segura.

- *Norton Family*: incluye herramientas para supervisar la actividad en línea, bloquear contenido inapropiado y establecer límites de tiempo.

Además, el portal de INCIBE ofrece un catálogo de herramientas de control parental con información detallada sobre diversas opciones disponibles. Y otra herramienta muy útil para la seguridad de nuestra familia, aunque no es una app de control parental, es AlertCops.

¿QUÉ ES ALERTCOPS?

AlertCops es una aplicación móvil oficial del Ministerio del Interior de España. Su objetivo principal es facilitar una comunicación directa, rápida y segura entre la ciudadanía y las fuerzas de seguridad —Policía Nacional, Guardia Civil, policías autonómicas—, para mejorar la seguridad y actuar ante emergencias, delitos o situaciones de riesgo.

Esta herramienta convierte tu teléfono en una vía rápida para pedir ayuda o alertar sobre cualquier incidente que pueda afectar tu seguridad o la de quienes te rodean.

¿Para qué sirve?

AlertCops es útil para múltiples situaciones.

- Reportar emergencias: puedes avisar a la policía ante robos, agresiones, violencia de género, acoso, vandalismo, etc.

- Enviar pruebas: la app permite enviar fotos, vídeos o mensajes escritos para aportar detalles visuales que ayuden a la intervención policial.

- Localización automática: cada alerta incluye tu ubicación exacta para que la policía pueda actuar de inmediato en el lugar correcto.

- Botón de emergencia: funciona como un «botón de pánico» que, al presionarlo, envía una alerta urgente sin necesidad de hablar.

- Recibir alertas: te avisa sobre incidentes o riesgos en tu entorno, como fenómenos meteorológicos o situaciones de peligro público.

- Función de Guardianes: un sistema pensado para proteger a tus familiares o personas cercanas mediante una red de contactos confiables que pueden ayudarte a vigilar y actuar en caso de emergencia.

¿Qué es la función de los Guardianes en AlertCops?

- Concepto

Los «guardianes» son personas de confianza —familiares, amigos, compañeros— que tú puedes designar dentro de la app para que te ayuden a mantener la seguridad, especialmente orientada a la protección familiar.

- ¿Cómo funcionan?
  - Puedes añadir uno o varios guardianes desde tu lista de contactos.
  - Cuando envías una alerta o utilizas el botón de emergencia, tus guardianes reciben notificaciones en tiempo real con tu ubicación y detalles.
  - Ellos pueden ayudarte a tomar decisiones rápidas, avisar a más personas o actuar como apoyo hasta que llegue la policía.
  - La función es especialmente útil para proteger a niños, personas mayores o familiares con necesidades especiales, ya que los guardianes pueden supervisar su seguridad de forma proactiva.
  - También permite crear grupos familiares para que todos estén conectados y las alertas se compartan entre los guardianes designados.

- Beneficios para la seguridad familiar
  - Tranquilidad para padres: pueden saber dónde están sus hijos y recibir alertas si algo va mal.

- Apoyo para personas vulnerables: personas mayores o con alguna discapacidad pueden contar con un sistema de vigilancia sencillo y efectivo.

- Respuesta rápida: los guardianes pueden actuar inmediatamente y coordinarse con la policía si es necesario.

- Mayor control: toda la familia está informada y preparada para actuar en situaciones de emergencia.

- ¿Cómo funciona AlertCops paso a paso?

1. Descarga e instalación
- Para Android:
  - Abre Google Play Store.
  - Busca AlertCops.
  - Descarga la app oficial del Ministerio del Interior.
- Para iPhone:
  - Abre la App Store.
  - Busca AlertCops.
  - Descarga la app oficial.

2. Registro y configuración inicial
- Abre la app y crea una cuenta con tus datos personales —nombre, teléfono, DNI o NIE si es requerido.

- Activa los permisos para que la app pueda acceder a tu ubicación, cámara y micrófono, pues son esenciales para que funcione correctamente.

- Configura tus guardianes: elige a personas de confianza que recibirán tus alertas y podrán ayudarte en emergencias.

- Completa cualquier otra información que te solicite para optimizar el uso.

3. Enviar alertas

- En situaciones de riesgo, abre la app y pulsa «Enviar alerta».

- Escribe un mensaje explicando lo que ocurre.

- Puedes adjuntar fotos o vídeos que aporten pruebas visuales.

- La app enviará automáticamente tu localización a la policía y a tus guardianes.

- También puedes usar el botón de emergencia para enviar una alerta rápida y silenciosa.

4. Recibir alertas y notificaciones

- La app te mantendrá informado sobre alertas de seguridad, riesgos o fenómenos meteorológicos en tu área.

- Si eres guardián de alguien, recibirás avisos cuando esa persona envíe una alerta o use el botón de emergencia.

- Requisitos para usar AlertCops
  - Teléfono móvil con conexión a Internet.

- Permitir a la app acceder a tu ubicación y otros permisos —cámara, micrófono— para enviar información completa.
- Registro integral con datos personales.
- Configuración de guardianes si quieres usar esa función.

- Ventajas de AlertCops
  - Rápida comunicación con la Policía y Guardia Civil.
  - Mayor seguridad personal y familiar.
  - Permite enviar pruebas visuales en tiempo real.
  - Botón de emergencia para alertas silenciosas.
  - Sistema de guardianes que fortalece la protección familiar.
  - Notificaciones preventivas sobre riesgos locales.
  - App oficial, segura y gratuita.

- Recomendaciones para usar AlertCops
  - Mantén siempre actualizada la app para tener acceso a las últimas funciones.
  - Comparte con tus guardianes cómo funciona para que sepan cómo reaccionar si reciben una alerta.
  - Utiliza el botón de emergencia solo en casos realmente graves para evitar falsas alarmas.
  - Ten tu teléfono con batería suficiente para poder usar la app cuando la necesites.

RECURSOS PARA LA EDUCACIÓN DIGITAL SEGURA

La educación digital es fundamental para que los menores desarrollen habilidades críticas y seguras en el entorno en línea. Algunas plataformas destacadas son:

Internet Segura for Kids —IS4K—: iniciativa de INCIBE que ofrece recursos educativos, guías y actividades para promover un uso seguro de Internet entre los menores. Es el Centro de Seguridad en Internet para menores de edad en España —www.is4k.es—, una iniciativa pública destinada a promover el uso seguro y responsable de Internet y las nuevas tecnologías por parte de niños, niñas y adolescentes. Está gestionada desde el Instituto Nacional de Ciberseguridad y forma parte de la red europea de centros «Safer Internet Centres/Better Internet for Kids».

Be Internet Awesome: programa de Google que enseña a los niños sobre seguridad en línea, privacidad y ciudadanía digital a través de juegos interactivos.

Common Sense Media: proporciona reseñas y recomendaciones de contenido digital apropiado para diferentes edades, así como consejos para padres y educadores.

Safe Kids Online: ofrece recursos y actividades para enseñar a los niños sobre seguridad en línea y cómo proteger su información personal.

¿QUÉ ES IS4K?

Es una página que agrupa recursos, servicios y campañas dirigidas a familias, menores, docentes y profesionales. Entre sus principales servicios y contenidos se encuentran:

- Guías prácticas y materiales didácticos: fichas, posters, juegos y actividades para explicar riesgos y buenas prácticas a niños y jóvenes.
- Recursos para familias y docentes: consejos sobre control parental, etiqueta, privacidad, *sexting*, ciberacoso, etc.
- Formación y campañas: cursos, talleres y campañas de sensibilización para centros educativos y familias.
- Línea de ayuda y contacto: canales para pedir asesoramiento, plantear dudas o reportar contenidos preocupantes relacionados con menores en Internet —formulario en la web y números de atención indicados por INCIBE.

¿Cómo funciona la línea de ayuda y reportes?

IS4K pone a disposición servicios de asesoramiento y reporte para casos que afectan a menores: ciberacoso, *grooming*, *sexting*, contenidos sexualmente explotadores, dudas sobre privacidad o riesgos digitales... Se puede contactar a través del formulario de ayuda en la web y mediante números de atención telefónica que INCIBE publica para estos servicios —INCIBE gestiona el servicio 017—. Si necesitas usar la línea o hacer un reporte, lo adecuado es entrar en la sección de Ayuda/contacto de is4k.es, donde encontrarás el canal vigente.

¿Quién está detrás y por qué existe?

IS4K está promovido por INCIBE —organismo público español especializado en ciberseguridad— con el apoyo europeo dentro del proyecto *Safer Internet Centre Spain*. Su objetivo es reducir riesgos en la infancia y adolescencia en entornos digitales, ofrecer orientación, formar a agentes educativos y coordinar canales de reporte y ayuda.

Ejemplos concretos de lo que puedes encontrar en la web

- Guía para padres con pasos prácticos: cómo hablar con tu hijo, cómo configurar control parental o qué normas poner en casa.
- Material para colegios: actividades por edades, unidades didácticas y kits descargables.
- Información para menores explicada en lenguaje accesible: qué hacer ante el ciberacoso, cómo proteger tu privacidad, cómo pedir ayuda.

Confidencialidad y coordinación con otros servicios

Cuando se reporta un contenido grave —por ejemplo, abuso sexual a menores—, IS4K/INCIBE tiene protocolos para derivar a las fuerzas y cuerpos de seguridad, a servicios de protección de menores o a otros organismos competentes, dependiendo del caso. También respetan confidencialidad en la atención y el asesoramiento.

¿Cómo usar la web si necesitas ayuda?

1. Entra en www.is4k.es.
2. Busca la sección «Ayuda/contacto» o el botón de «reportar» para contenidos preocupantes.

3. Si es una emergencia —riesgo inmediato para la integridad física de un menor—, contacta con los servicios de emergencia o la policía antes de cualquier otro trámite.

4. Para dudas, pide asesoramiento u orientación práctica —no urgente—, a través del formulario o el teléfono que aparezca en la web.

¿QUÉ ES BE INTERNET AWESOME?

Se trata de un programa educativo de Google diseñado para enseñar a niños y niñas —y a sus familias y profes— a usar Internet de forma segura, responsable y crítica. Es gratuito, está pensado sobre todo para edades de primaria —entre segundo y sexto curso aproximadamente— pero se puede adaptar a otras edades. Da la posibilidad de combinar materiales descargables con un juego interactivo para que el aprendizaje sea práctico y divertido.

Los principales elementos que incluye son:

1. Currículum/guías para docentes
   Un paquete de lecciones con actividades, hojas imprimibles y presentaciones —Google Slides— que explica los conceptos clave y propone ejercicios para clase. Las lecciones están diseñadas para ser fáciles de usar por los profes y están alineadas con estándares educativos.

2. Interland (el juego interactivo)
   Un juego web —sin necesidad de registro— con cuatro «mundos» o mini juegos donde los niños practican las habilidades enseñadas. Cada mini juego ilustra un problema real en Internet —por ejemplo, distinguir noticias falsas o proteger contraseñas— y plantea retos que refuerzan buenas decisiones online.

3. Guía para familias y compromiso (Family Guide/Pledge)
   Material pensado para que padres y madres trabajen las mismas ideas en casa, acuerden normas familiares digitales y hablen con naturalidad sobre seguridad online. Incluye un «Pledge» —compromiso—, que la familia puede firmar.

4. Materiales complementarios
   Posters, certificados, actividades imprimibles y recursos listos para usar —por ejemplo, actividades offline que acompañan cada pilar—. Google también ha ido añadiendo recursos como guías de alfabetización sobre IA y experiencias en plataformas —una experiencia en Roblox, pongamos de caso.

Mensajes clave, «5 ideas» que enseñan

El programa organiza todo en cinco pilares claros —fáciles de recordar—. A veces aparecen con nombres tipo *Smart/Alert/Strong/Kind /Brave*; en prácticas y materiales los verás como:

- *Share with Care* —sé cuidadoso al compartir—, sobre la privacidad y huella digital: pensar antes de publicar, elegir bien quién ve lo que compartes.

- *Don't Fall for Fake* —no te fíes de todo lo que ves—, sobre aprender a detectar noticias falsas, estafas y pistas de que algo no es fiable.

- *Secure Your Secrets* —protege tus secretos—, sobre contraseñas, datos personales y seguridad básica —no compartir contraseñas, usar contraseñas fuertes.

- *It's Cool to Be Kind* —ser amable mola—, sobre comportamiento online: no participar en acoso; respuesta ante insultos o bullying.

- *When in Doubt, Talk It Out* —ante la duda, habla con alguien—, sobre buscar ayuda con un adulto de confianza cuando algo no vaya bien.

Estos pilares se usan en actividades, en Interland y en las charlas con familias.

CÓMO FUNCIONA INTERLAND

Interland convierte cada pilar en un mini juego con reglas y objetivos muy claros:

- *Kind Kingdom*: practicar la amabilidad online —por ejemplo, «disparar» mensajes amistosos y bloquear insultos.

- *Reality River*: ejercicios para distinguir información falsa o manipulación.

- *Mindful Mountain*: elegir correctamente qué compartir y con quién.

- *Tower of Treasure*: proteger contraseñas y objetos valiosos digitales. Los niños resuelven retos, obtienen puntuaciones y, al final, pueden descargarse un certificado. Es aprendizaje por experiencia: tomar decisiones, ver consecuencias y reforzar los comportamientos correctos.

¿Quién lo desarrolla y por qué es fiable?

El proyecto lo impulsa Google —con colaboraciones como iKeepSafe y organizaciones educativas— y muchos ministerios y colegios lo usan como recurso. Las lecciones están revisadas para educación y algunas versiones se encuentran bajo licencia para su reutilización —Creative Commons—, por lo que centros educativos y profesores pueden adaptarlas para su uso.

¿Para quién sirve y cómo se usa en la práctica?

- Para profesores: preparar una unidad de seguridad digital en primaria; usar las Google Slides listas para clase; asignar Interland como actividad práctica.
- Para familias: leer la Family Guide, hacer el «Pledge», practicar en casa con los ejercicios propuestos y hablar sobre lo que ocurre en Internet.
- Para los niños: jugar Interland y completar actividades en clase o en casa; aprender de forma lúdica.

Fortalezas del programa

Gratis y accesible: recursos descargables y juegos sin registro.

- Enfocado en la práctica: combina la teoría con el juego para que el aprendizaje sea activo.
- Listo para clase: materiales adaptados para profes, con actividades y presentaciones.
- Flexibilidad: materiales se pueden adaptar, traducir o reutilizar bajo licencias permisivas.

Limitaciones a tener en cuenta

1. No sustituye a la educación familiar: es una herramienta, la parte humana —diálogo, confianza— sigue siendo clave.

2. Algunas realidades cambian rápido: redes nuevas, funciones y riesgos emergentes requieren actualizar prácticas; los materiales son una base, no la solución completa.

3. Edad y contexto: hay que adaptar el lenguaje y la profundidad según la edad de nuestros hijos —estas limitaciones son normales en cualquier programa educativo sobre tecnología.

Cómo usar Be Internet Awesome

1. Entra a Be Internet Awesome —sitio de Google.

2. Descarga la currícula y las Google Slides para la lección que quieras compartir en familia.

3. Prueba Interland con los niños en casa para reforzar los contenidos.

4. Para casa: imprime la Family Guide y firma el «Pledge» con tu hijo; usadlo como punto de partida para

hablar de reglas —este es otro recurso para tener un acuerdo familiar.

¿QUÉ ES COMMON SENSE MEDIA?

Es una organización sin ánimo de lucro —nonprofit— dedicada a ayudar a familias, educadores y responsables de políticas a entender y gestionar el impacto que los medios y la tecnología tienen en la infancia y la adolescencia. Su trabajo combina reseñas y calificaciones de películas, juegos, apps y libros, currículos educativos para escuelas, investigaciones sobre hábitos digitales de niños y jóvenes, además de abogacía en políticas públicas relacionadas con la infancia digital.

Origen y propósito

- Fue fundada por Jim (James) P. Steyer en los primeros años de la década de 2000 con la idea de crear una voz independiente que defendiera los intereses de los niños y las familias frente a la industria de los medios. Su misión es «mejorar la vida de niños y familias» ayudando a tomar decisiones informadas sobre medios y tecnología.

Principales áreas de trabajo

1. Reseñas y sistema de calificación por edades

Common Sense Media publica reseñas independientes de películas, series, juegos, libros, apps y sitios web orientadas a familias.

- Cada reseña incluye una edad recomendada basada en el contenido —violencia, lenguaje, sexualidad, consumo, mensajes positivos, etc.— y explicaciones prácticas para padres.
- El objetivo es que, al ver una calificación, un padre sepa rápidamente si ese título es apropiado para la edad y por qué.

2. Currículo de alfabetización digital y ciudadanía digital (K–12)

Ofrecen un currículo gratuito y basado en investigación para enseñar en colegios —digital citizenship/digital literacy.

- Incluye lecciones, actividades y material para docentes que cubren temas como privacidad, desinformación, conducta online, huella digital y uso responsable de la tecnología.
- Es uno de los recursos más usados por escuelas que quieren enseñar de forma sistemática habilidades digitales y de pensamiento crítico.

3. Investigación y estudios

Realizan encuestas y estudios —por ejemplo, los «Common Sense Census»— para medir cómo usan los medios y la tecnología los niños —horas de pantalla, plataformas más usadas, tendencias emergentes—. Estas investigaciones sirven para orientar familias, escuelas y responsables políticos.

4. Recursos para familias y formación para docentes

En su web hay guías, consejos prácticos, videos y «talking points» para que los padres sepan cómo hablar con sus hijos sobre redes sociales, privacidad, compras dentro de apps, bullying, etc. También ofrecen formación y materiales listos para aplicar en clase.

5. Abogacía y alianzas (policy & advocacy)

Common Sense participa en el debate público sobre la regulación de plataformas, privacidad infantil y seguridad en IA. Colabora con empresas, gobiernos y ONGs para promover políticas que protejan a los menores y fomentar alfabetización digital en la población —en los últimos años han publicado posicionamientos y participado en iniciativas relacionadas con IA y seguridad infantil.

¿Por qué es útil para padres y centros educativos?

- Lenguaje claro y práctico: las reseñas y guías están pensadas para personas que no son expertas.
- Criterios claros por edad: no es solo «apto/no apto», presta explicaciones sobre el tipo de contenido que preocupa.
- Material listo para usar en clase: ahorra tiempo a los docentes y facilita que los colegios enseñen sobre ciudadanía digital.
- Investigación que apoya decisiones: sus datos ayudan a entender tendencias reales —no solo opiniones.

Fortalezas y limitaciones

- Fortalezas
  - Independencia editorial en sus reseñas —buscan ser imparciales.
  - Recursos gratuitos y ampliamente adoptados por escuelas.
  - Capacidad para influir en políticas y colaborar con grandes actores del sector.

- Limitaciones
  - Aunque muy influyente en EE. UU. y otros países, sus recomendaciones deben adaptarse al contexto cultural/legal local.
  - La tecnología cambia rápido; sus materiales se actualizan periódicamente, pero siempre es necesario complementarlos con diálogo familiar y vigilancia práctica.

Ejemplos de uso

- Un padre consulta la ficha de una película y decide verla, o no, con su hijo según la explicación detallada sobre violencia o lenguaje.
- Un colegio implementa el currículo de Common Sense para impartir una unidad de 8–10 lecciones sobre privacidad y bulos.
- Un responsable de políticas usa sus estudios —«Common Sense Census»— para argumentar la necesidad de formación sobre IA en escuelas.

¿QUÉ ES SAFE KIDS ONLINE?

No se trata de una organización única y universal: hay varias iniciativas y sitios con nombres parecidos que se ocupan de la seguridad infantil, algunos se centran en *seguridad online* —digital— y otros, en *seguridad física* —accidentes.

En el ámbito de la seguridad en Internet para menores, los dos usos más habituales del nombre son:

1. Un sitio/recurso orientado a la seguridad digital de niños —por ejemplo, «SafeKids.com», ahora enlazado con ConnectSafely.

2. Un proyecto llamado «Safe Kids Online» promovido por organizaciones —como «think-tanks» o centros de información— que publican guías para padres. Un ejemplo reciente es el proyecto de *The Heritage Foundation*.

Descripción detallada por cada variante importante

1. SafeKids.com/ConnectSafely (recursos de seguridad digital)

- Qué es: SafeKids.com era una web con guías y reglas prácticas para familias sobre cómo proteger a los niños en Internet. Hoy aparece vinculada con ConnectSafely, una ONG sin ánimo de lucro dedicada a la seguridad online, ofrecen consejos prácticos, listas de reglas por edades y materiales destinados a padres y educadores.

- Qué ofrece: guías «reglas para niños», consejos de privacidad, recursos sobre redes sociales y materiales para usar en casa y en clase.

- Audiencia: padres, educadores y jóvenes.

- Por qué es útil: lenguaje accesible, orientado a la práctica —qué hacer hoy mismo.

- Limitaciones: se centra en orientación práctica. Para investigación/estadísticas, es mejor combinarlo con fuentes académicas o gubernamentales.

2. Safe Kids Online (proyectos puntuales/guías por organizaciones como Heritage)

- Qué es: diversas organizaciones —por ejemplo, grupos de influencia o «think-tanks»— han creado secciones o proyectos llamados Safe Kids Online con guías para padres sobre plataformas concretas, controles parentales y buenas prácticas. Un ejemplo reciente es la iniciativa de *The Heritage Foundation* titulada Safe Kids Online, que publica guías actualizadas para padres.

- Qué ofrecen: guías prácticas, artículos explicativos, *checklists* de configuración de privacidad y observaciones sobre riesgos emergentes.

- Audiencia: principalmente, familias y responsables —algunas también orientadas a responsables de políticas.

- Fortalezas y límites: útiles para recomendaciones concretas. La calidad y el enfoque pueden variar según quién lo publique —por eso conviene mirar la autoría y su perspectiva.

3. Confusión con Safe Kids Worldwide (NO es lo mismo)

- Qué NO es: Safe Kids Worldwide es una organización importante, pero se ocupa de prevención de lesiones físicas infantiles —accidentes de tráfico, ahogamientos, caídas, envenenamientos—, no específicamente de seguridad en Internet. Si buscas «safety kids» relacionado con Internet, este no es el recurso adecuado.

Materiales y servicios sobre seguridad digital

- Guías prácticas para padres: cómo configurar controles parentales, reglas familiares, cómo hablar sobre redes sociales y fotos.

- Listas por edades: recomendaciones sobre qué apps o contenidos son apropiados según la edad.

- Consejos de configuración: paso a paso para ajustar privacidad en Facebook/Instagram/YouTube/TikTok.

- Material para centros educativos: actividades, «talking points» y sesiones para el aula.

- Artículos sobre riesgos nuevos: desinformación, *grooming*, retos virales, problemas relacionados con IA.

4. Audiencia y utilidad práctica (cómo y cuándo usarlo)

- Padres: para aprender a limitar tiempo, configurar privacidad o reaccionar ante ciberacoso.
- Docentes: para incorporar una lección rápida sobre ciudadanía digital o usar actividades en clase.
- Responsables de ONG o políticas públicas: como referencia práctica o punto de partida para campañas de divulgación.
- Profesionales que buscan guías rápidas: muy útiles como «lista de comprobación» para poner manos a la obra.

5. Calidad y fiabilidad. Cómo evaluar una web o guía «Safe Kids Online»

Cuando encuentres un recurso con ese nombre, fíjate en:

1. Quién lo publica —ONG, universidad, gobierno, «think-tank».
2. Si cita evidencia o estudios —buena señal— y si actualiza contenidos con frecuencia.
3. Si es práctico y accionable —pasos concretos— o solo opinativo.
4. Si respeta la privacidad: evita soluciones que sugieran espiar sin límites; las mejores guías equilibran protección y derechos del menor.
5. Contexto local: adapta recomendaciones al país —leyes, herramientas disponibles y límites técnicos varían.

6. Ejemplo de uso real, paso a paso

1. Buscar el recurso: «Safe Kids Online + configuración TikTok», o ir a ConnectSafely.

2. Leer la guía paso a paso sobre privacidad y seguir las instrucciones —ajustar cuenta a privada, limitar comentarios.

3. Imprimir/usar la «lista de reglas» y hablar con el hijo sobre por qué se aplican.

4. Revisar la guía cada 6–12 meses porque las apps cambian rápido.

CONTACTOS Y ORGANISMOS DE AYUDA

Es crucial saber a dónde acudir en caso de incidentes o dudas relacionadas con la ciberseguridad. Algunos contactos y organismos de ayuda son:

- Línea de Ayuda en Ciberseguridad de INCIBE —017—: servicio gratuito y confidencial para resolver dudas y recibir orientación sobre problemas relacionados con la seguridad en línea.

- Policía Nacional y Guardia Civil: cuentan con unidades especializadas en delitos informáticos y pueden ofrecer asistencia en casos de problemas relacionados con la seguridad en línea y en el mundo físico. Los teléfonos son:

  - Policía Nacional: 091
  - Guardia Civil: 062
  - Emergencias: 112

- Agencia Española de Protección de Datos —AEPD—: ofrece información y recursos sobre la protección de datos personales y la privacidad en línea.
- Organizaciones no gubernamentales —ONG—: existen diversas ONG que trabajan en la prevención del ciberacoso y la promoción de la seguridad en línea, ofreciendo recursos y apoyo a víctimas.

JUEGOS Y ACTIVIDADES EDUCATIVAS

El aprendizaje a través del juego es una herramienta eficaz para enseñar a los menores sobre ciberseguridad. Además de todo lo visto anteriormente en este libro, algunas opciones son:

- Piensa, conecta y elige tu camino en Internet: taller interactivo de INCIBE que ayuda a los menores a tomar decisiones inteligentes frente al ciberacoso, contenidos perjudiciales o retos virales.
- Comenzamos con ciberseguridad: recurso educativo de INCIBE dirigido a niños de 5 a 8 años para introducirlos en el uso seguro de Internet.
- Juegos y actividades en IS4K: plataforma que ofrece diversos juegos y recursos educativos para enseñar a los menores sobre seguridad en línea de manera divertida.
- Be Internet Awesome: además de ser una plataforma educativa, incluye juegos interactivos que enseñan a los niños sobre seguridad en línea y ciudadanía digital.

RECURSOS PARA EDUCADORES Y FAMILIAS

Para apoyar la labor educativa y familiar en la promoción de la ciberseguridad, se encuentran disponibles:

Kit para educadores de INCIBE: conjunto de recursos gratuitos que incluyen unidades didácticas, actividades y materiales para trabajar la ciberseguridad en el aula.

Decálogo de mediación parental: diez consejos clave para garantizar que los menores disfruten de una experiencia digital segura, saludable y enriquecedora.

Organizador digital familiar: herramienta para establecer normas y límites en el uso de las tecnologías en el hogar, promoviendo la responsabilidad y autonomía de los menores.

Pactos familiares para el buen uso: modelos de contratos para establecer normas y promover el compromiso de cumplirlas en familia.

EN RESUMEN

La ciberseguridad es una responsabilidad compartida entre menores, familias y educadores. Es fundamental mantenerse informado, utilizar las herramientas adecuadas y fomentar un entorno de confianza y comunicación abierta. Recuerda que el portal de INCIBE es una fuente confiable y actualizada de recursos y orientación en temas de ciberseguridad. Y, en caso de problemas, 017 —INCIBE—, 091 —Policía Nacional—, 062 —Guardia Civil.

CAPÍTULO 9

CASOS REALES Y APRENDIZAJES

HISTORIAS QUE NOS AYUDAN A ENTENDER, PREVENIR Y ACTUAR EN EL MUNDO DIGITAL

En el mundo digital, a veces las situaciones complicadas parecen lejanas hasta que nos tocan de cerca. Las redes sociales, los juegos en línea y las aplicaciones que usamos todos los días son herramientas poderosas, pero también pueden convertirse en fuentes de riesgo si no sabemos cómo manejarlas.

Aprender de casos reales, y de los errores o aciertos que se cometieron, nos ayuda a estar mejor preparados. Al analizar lo que pasó y cómo se resolvió, podemos enseñar a nuestros hijos y a nosotros mismos a tomar decisiones más seguras, a identificar situaciones de riesgo y a actuar de manera responsable.

En este capítulo encontrarás historias adaptadas para diferentes edades: niños, adolescentes y adultos. Cada historia incluye reflexiones y consejos prácticos que toda la familia puede aplicar en la vida cotidiana.

PARA NIÑOS (3-10 AÑOS)

Caso 1: la foto que no debía compartirse

- Historia: Sofía, de 7 años, estaba muy contenta porque su mamá le hizo una foto divertida jugando en el parque. Quiso compartirla con sus compañeros de clase y la envió sin preguntar. Sin embargo, la foto apareció en un grupo grande y algunos niños comenzaron a burlarse de ella. Sofía se sintió mal y no entendía del todo por qué los demás reaccionaron así.

- Qué se hizo bien: Sofía contó lo que pasó a su madre y, juntas, hablaron sobre a quién está bien mostrar fotos y la importancia de pedir permiso antes de compartir contenido. Esto fortaleció la confianza entre madre e hija y permitió que Sofía aprendiera sin sentirse castigada.

- Qué se podría mejorar: sería útil enseñar a los niños que antes de enviar fotos o mensajes, siempre conviene pedir ayuda a un adulto. También se pueden practicar escenarios de «qué hacer si alguien comparte algo que no debería» para que el niño sepa reaccionar.

- Reflexión para la familia: el mundo digital es público. Aunque algo nos parezca inofensivo, puede llegar a muchas personas y provocar reacciones inesperadas. Enseñar la prudencia digital desde pequeños es fundamental para prevenir situaciones incómodas o dañinas.

Caso 2: el juego desconocido

- Historia: Mateo, de 9 años, vio anunciado un juego en YouTube y decidió descargarlo sin consultar a sus padres. El juego contenía anuncios intrusivos y algunos contenidos no apropiados para su edad, incluyendo violencia leve y lenguaje inapropiado.

- Qué se hizo bien: los padres de Mateo notaron el contenido y hablaron con él sobre los riesgos. Juntos buscaron juegos adecuados y seguros que respetaran su edad y fomentaran la diversión sin riesgos.

- Qué se podría mejorar: es importante crear la costumbre de consultar siempre con la familia antes de descargar, instalar apps o juegos nuevos. Esto protege a los niños de contenidos inapropiados y fomenta la comunicación abierta sobre tecnología.

- Reflexión para la familia: enseñar a los niños a preguntar antes de descargar algo no limita su libertad; al contrario, les ayuda a desarrollar criterios para decidir de manera responsable y segura.

PARA PREADOLESCENTES Y ADOLESCENTES (11-17 AÑOS)

Caso 1: la invitación sospechosa en el chat

- Historia: Martín, de 14 años, recibió en un grupo de WhatsApp una invitación para participar en un «reto viral» que prometía premios. Algunos amigos estaban emocionados, pero él notó que los desafíos encerraban cierto riesgo, incluyendo actividades físicas peligrosas o retos que podían comprometer su privacidad.

- Qué se hizo bien: habló con su hermana mayor. Buscaron información juntos sobre el reto y decidieron no participar, además de advertir a otros amigos sobre los riesgos.

- Qué se podría mejorar: fomentar la actitud crítica y la consulta con adultos antes de involucrarse en retos o actividades virales. También es útil enseñar a evaluar los riesgos y a no ceder a la presión de grupo en línea.

- Reflexión para la familia: los adolescentes deben aprender que no todo lo que se ve en Internet es seguro o divertido. La capacidad de cuestionar y verificar información es una habilidad vital en el mundo digital.

Caso 2: el mensaje de un desconocido en redes sociales

- Historia: Lucía, de 16 años, recibió un mensaje privado de alguien que decía ser fanático de sus publicaciones. La persona empezó a hacer preguntas personales y a pedir fotos, intentando ganarse su confianza.

- Qué se hizo bien: Lucía contó la situación a sus padres, bloquearon al usuario y revisaron la configuración de privacidad de sus redes. También aprendieron sobre los riesgos de interactuar con desconocidos en línea.

- Qué se podría mejorar: es fundamental educar sobre privacidad y *grooming*, enseñar a los adolescentes a identificar comportamientos sospechosos y a reaccionar de manera segura, reportando cualquier intento de acoso.

- Reflexión para la familia: hablar sobre seguridad digital no es opcional; los adolescentes deben tener las herramientas y el apoyo familiar para navegar con autonomía, pero de forma segura.

PARA ADULTOS Y FAMILIAS

Caso 1: el *phishing* que casi engaña a papá

- Historia: Carlos recibió un correo que parecía provenir de su banco, solicitando verificar urgentemente sus datos. El mensaje contenía errores ortográficos, pero, a primera vista, parecía auténtico. Estuvo a punto de hacer clic, pero su esposa le pidió revisar juntos el correo.

- Qué se hizo bien: su mujer detectó que era un intento de fraude —*phishing*—, borraron el correo y cambiaron las contraseñas de manera preventiva.

- Qué se podría mejorar: toda la familia debería recibir formación básica sobre correos sospechosos, aprender a identificar señales de fraude y nunca compartir datos bancarios o contraseñas por email o mensajes.

- Reflexión para la familia: el *phishing* no solo afecta a los adultos; enseñar la prevención y revisión crítica de mensajes también ayuda a los jóvenes a desarrollar hábitos de seguridad digital desde temprano.

Caso 2: la descarga accidental de malware

- Historia: Ana descargó una aplicación gratuita para editar fotos en su móvil, pero sin darse cuenta instaló un malware que ralentizó el dispositivo y robó información personal.

- Qué se hizo bien: cuando notó el problema, buscó ayuda profesional para limpiar el dispositivo, eliminó la aplicación dañina y cambió sus contraseñas.

- Qué se podría mejorar: informar a toda la familia sobre la importancia de descargar solo aplicaciones oficiales, leer reseñas y mantener el antivirus actualizado.

- Reflexión para la familia: la tecnología puede ser muy útil, pero también trae riesgos. Establecer hábitos seguros y compartir conocimientos con todos los miembros de la familia minimiza los errores accidentales.

REFLEXIÓN FINAL DEL CAPÍTULO

Aprender de casos reales nos permite anticipar problemas y actuar de forma responsable. Cada historia muestra que:

- La comunicación familiar es la herramienta más poderosa para prevenir riesgos.

- La educación sobre privacidad y seguridad debe adaptarse a la edad de cada hijo.

- Las decisiones digitales tienen consecuencias, pero aprender de los errores fortalece nuestra capacidad para actuar con seguridad.

- Todos los miembros de la familia pueden colaborar para crear un entorno digital seguro, desde niños hasta adultos.

Lección clave

No se trata de evitar la tecnología, sino de aprender a usarla con sentido crítico, precaución y confianza familiar. Los errores no son fracasos: son oportunidades para enseñar, aprender y mejorar la seguridad de todos en la vida digital.

Para prevenir y actuar

1. Comunicación abierta es clave: niños y adolescentes necesitan sentirse seguros para contar lo que sucede en Internet, sin miedo a castigos ni reproches.

2. Educación adaptada a cada edad: el acompañamiento debe ser progresivo, enseñando primero conceptos básicos y, con el tiempo, promoviendo autonomía responsable.

3. Acompañamiento, no vigilancia excesiva: supervisar sin invadir la privacidad genera confianza y favorece el aprendizaje.

4. Enseñar a reconocer señales de peligro: como mensajes sospechosos, invitaciones riesgosas, solicitudes de datos personales o comportamientos extraños.

5. Saber a quién acudir: contar con contactos de ayuda —familia, escuela, policía, organismos especializados— da tranquilidad y facilita la acción rápida.

6. Formación continua: las tecnologías y amenazas cambian rápido, por eso es importante mantenerse informado y actualizar conocimientos y herramientas regularmente.

CAPÍTULO 10

CIBERSEGURIDAD COMO HÁBITO FAMILIAR

CÓMO CONVERTIR LA SEGURIDAD DIGITAL EN UNA PRÁCTICA NATURAL Y CONSTANTE EN CASA

La ciberseguridad no es solo una serie de reglas que hay que seguir cuando «algo pasa» o cuando se recibe una amenaza. La seguridad en el mundo digital es como el hábito de lavarse las manos o ponerse el cinturón de seguridad en el coche: una práctica sencilla que hacemos todos los días para protegernos sin pensar demasiado en ello.

En este capítulo entenderemos cómo llevar la ciberseguridad a la rutina familiar, para que protejas a tus hijos y a toda la familia, sin que se convierta en una carga ni en motivo de estrés.

¿POR QUÉ ES IMPORTANTE CREAR HÁBITOS DE CIBERSEGURIDAD EN LA FAMILIA?

Vivimos en un mundo cada vez más digital donde usamos teléfonos, tablets, ordenadores, consolas y asistentes inteligentes en casa. Esto hace que todos, desde los más pequeños hasta los adultos, estemos expuestos a riesgos, como virus, fraudes, suplantaciones de identidad o ciberacoso.

Pero la buena noticia es que muchos de esos riesgos se pueden evitar o minimizar simplemente con buenos hábitos diarios:

- Revisar quién puede ver nuestra información.
- Mantener actualizados los dispositivos.
- Usar contraseñas seguras.
- Saber qué hacer ante mensajes o situaciones sospechosas.

Cuando estos hábitos se convierten en rutina, la familia entera está más protegida y puede disfrutar de la tecnología con tranquilidad.

CÓMO HACER DE LA CIBERSEGURIDAD UN HÁBITO FAMILIAR

1. Hablar de ciberseguridad en familia regularmente

Abrir espacios para conversar sobre qué sucede en Internet, qué nuevos juegos o aplicaciones usan los niños, qué riesgos conocen o han experimentado, es clave. No tiene que ser una charla formal ni aburrida, puede ser en la cena, en el coche o durante un paseo.

Consejo práctico:

- Proponed un «minuto digital» semanal donde cada uno comparta algo nuevo que aprendió, un problema que tuvo o una duda.
- Valorad la participación de todos, sin juzgar ni regañar, para que se sientan seguros y apoyados.

2. Haced juntos las tareas de seguridad

En vez de que la seguridad quede solo en manos de los adultos, involucrar a todos en acciones concretas:

- Revisar y actualizar contraseñas en familia, mostrando cómo crear claves fuertes y únicas.
- Configurar juntos las opciones de privacidad en juegos, redes sociales y dispositivos.
- Instalar y revisar aplicaciones de control parental o antivirus.
- Crear un listado visible de pasos para actuar ante problemas digitales —por ejemplo, bloquear contactos, pedir ayuda, cambiar contraseña.
- Realizad copias de seguridad.

Consejo práctico:

- Hacerlo divertido, con juegos o retos, por ejemplo: «¿quién crea la contraseña más segura?» o «busquemos juntos qué permisos tiene esta app».

3. Crear recordatorios y listas de chequeo familiares

Para que las acciones no se olviden, es útil tener herramientas visuales o digitales que ayuden a todos a recordar las tareas importantes:

- Carteles en casa con «pasos para una contraseña segura».
- Alarmas mensuales para revisar actualizaciones de dispositivos.

- Notas o calendarios compartidos donde anotar cambios de configuración o revisión de controles parentales.

Así, la ciberseguridad se integra en la agenda familiar sin que dependa solo de la memoria de uno o del momento.

4. Reconocer y premiar los buenos hábitos

Cuando los menores y adolescentes practiquen un comportamiento seguro, como pedir permiso antes de descargar algo o avisar de un mensaje extraño, es importante reconocerlo y valorarlo. Esto refuerza la motivación para mantener esos hábitos y hace que la seguridad digital sea vista como algo positivo y no como una limitación.

LA IMPORTANCIA DE LAS ACTUALIZACIONES Y LAS REVISIONES PERIÓDICAS

Muchos problemas de seguridad ocurren porque los dispositivos o aplicaciones no están actualizados. Las actualizaciones no solo traen nuevas funciones, sino que corrigen fallos o vulnerabilidades que pueden ser explotadas por ciberdelincuentes o malware.

1. Actualizaciones

- Configurar los dispositivos para que se actualicen automáticamente.
- No posponer las actualizaciones, aunque a veces molesten o parezcan lentas.

2. Revisiones periódicas

- Cada cierto tiempo, revisar la lista de aplicaciones instaladas y eliminar las que no se usan o no son confiables.
- Verificar configuraciones de privacidad y permisos otorgados a cada app o juego.
- Comprobar que los controles parentales estén activos y actualizados.

3. Mantenerse alerta a nuevas amenazas

La tecnología y las amenazas evolucionan constantemente. Por eso, es importante:

- Informarse a través de fuentes confiables —páginas oficiales como INCIBE, IS4K o centros de protección al consumidor.
- Estar atentos a novedades, como retos virales peligrosos, nuevos tipos de fraudes o técnicas de phishing.
- Enseñar a los niños y adolescentes a identificar señales de alerta y a contar cualquier cosa que los incomode.

RECURSOS PARA SEGUIR APRENDIENDO Y CRECIENDO EN FAMILIA

El aprendizaje en ciberseguridad no termina nunca, pero hacerlo en familia puede ser divertido y enriquecedor.

- Portales confiables:
  - INCIBE - Internet Segura for Kids (IS4K)

- – Common Sense Media
- – Google Be Internet Awesome

- Juegos y actividades:
  - – Juegos interactivos para aprender a identificar fraudes o configurar la privacidad.
  - – Actividades para crear contraseñas seguras o simular situaciones de riesgo.

- Talleres y charlas:
  - – Muchas bibliotecas, escuelas y municipios ofrecen talleres familiares gratuitos o virtuales.
  - – Los agentes tutores en los centros educativos.
  - – Plan Director de Policía Nacional y Guardia Civil.

- Pactos familiares digitales:
  - – Revisar y actualizar el acuerdo familiar sobre el uso de tecnología. Este documento ayuda a que todos entiendan y respeten las normas y responsabilidades.

- ALERTA La serie:
  - – Serie de televisión basada en hechos reales que se adentra en el desconocido y cada vez más activo mundo de la ciberdelincuencia que ataca de forma indiscriminada a personas, instituciones, grandes y pequeñas empresas. Por medio de diferentes historias, el espectador tiene la oportunidad de conocer los riesgos, y las mejores prácticas para evitar caer en las garras de los

ciber atacantes. Una serie que trata problemas de nuestro día a día y que abre el debate sobre el uso que damos a las tecnologías en familia.

EJEMPLO DE RUTINA SEMANAL FAMILIAR DE CIBERSEGURIDAD

Día	Actividad	Participantes	Objetivo
Lunes	Revisión de contraseñas	Toda la familia	Actualizar o crear contraseñas seguras
Miércoles	Actualización de dispositivos	Adultos y adolescentes	Mantener software al día
Viernes	Revisión de privacidad en apps	Adultos y adolescentes	Ajustar permisos y controles
Domingo	Charla o juego sobre ciberseguridad	Toda la familia	Compartir experiencias y aprender

CONCLUSIÓN

LA CIBERSEGURIDAD ES UN ESFUERZO COLECTIVO Y COTIDIANO

Cuando la seguridad digital se transforma en un hábito, deja de ser una tarea aburrida o preocupante y pasa a ser parte de la vida familiar. Cada pequeño paso suma y contribuye a que todos, desde los más pequeños hasta los adultos mayores, puedan disfrutar de las ventajas de la tecnología sin miedo ni riesgos innecesarios. En familia, nos cuidamos unos a otros y eso nos hace más seguros.